WHEN HISTORY MEOWS

肥志 編繪

序

如果歷史是一群貓，會是怎樣的故事呢？恐怕一千個人腦海中，會有一千種劇情。但是，當看過肥志的漫畫，千百個讀者心中只有一句話：如果我的課本也是這麼萌，成績絕對翻倍！雖是網友點讚之言，卻足見作品的魅力之所在。

「貓擬人」是肥志醞釀良久的全新題材，是他靈感迸發和辛苦積累的成果。以軟萌的貓咪形象演繹中國歷史故事，不僅鮮活有趣，還內涵豐富，注重知識的專業性和文化的傳承，即使是眼光挑剔的讀者，都不得不點頭稱是。有學生黨留言，說他們是被歷史或古漢語老師「安利」過來的，哈哈。

其實，為了讓越來越「挑刺」的讀者無話可說，肥志這一次卯足了勁兒，下足了功夫。翻遍二十四史絕非誇張之辭，而且不只是正史典籍，還參考了《戰國策》《國語》《左傳》《竹書紀年》等歷史著作，《孟子》《韓非子》《呂氏春秋》《淮南子》等百家學說，《黃帝文化志》《夏商周史事考證與斷代》《中國早期國家史話》等研究書目，以及中央電視台的《國史通鑒》、人教版的《普通高中課程標準試驗教科書：歷史必修》等相關資料，旁徵博引，力求史實精准。更為難得的是，全篇不是單純的史料堆砌，而是將大量素材消化、吸收，並使之融入漫畫之中。《如果歷史是一群喵》以詼諧、幽默的筆觸，將歷史課堂加以延伸，不論是普通漫畫愛好者還是瞭解歷史的讀者，都能讀有所得。

肥志用「條漫」為中國歷史譜寫了嶄新樂章，活潑而又妙曼，娛樂性與文化性並重，豐富了漫畫的內涵，值得我們借鑒。

目錄

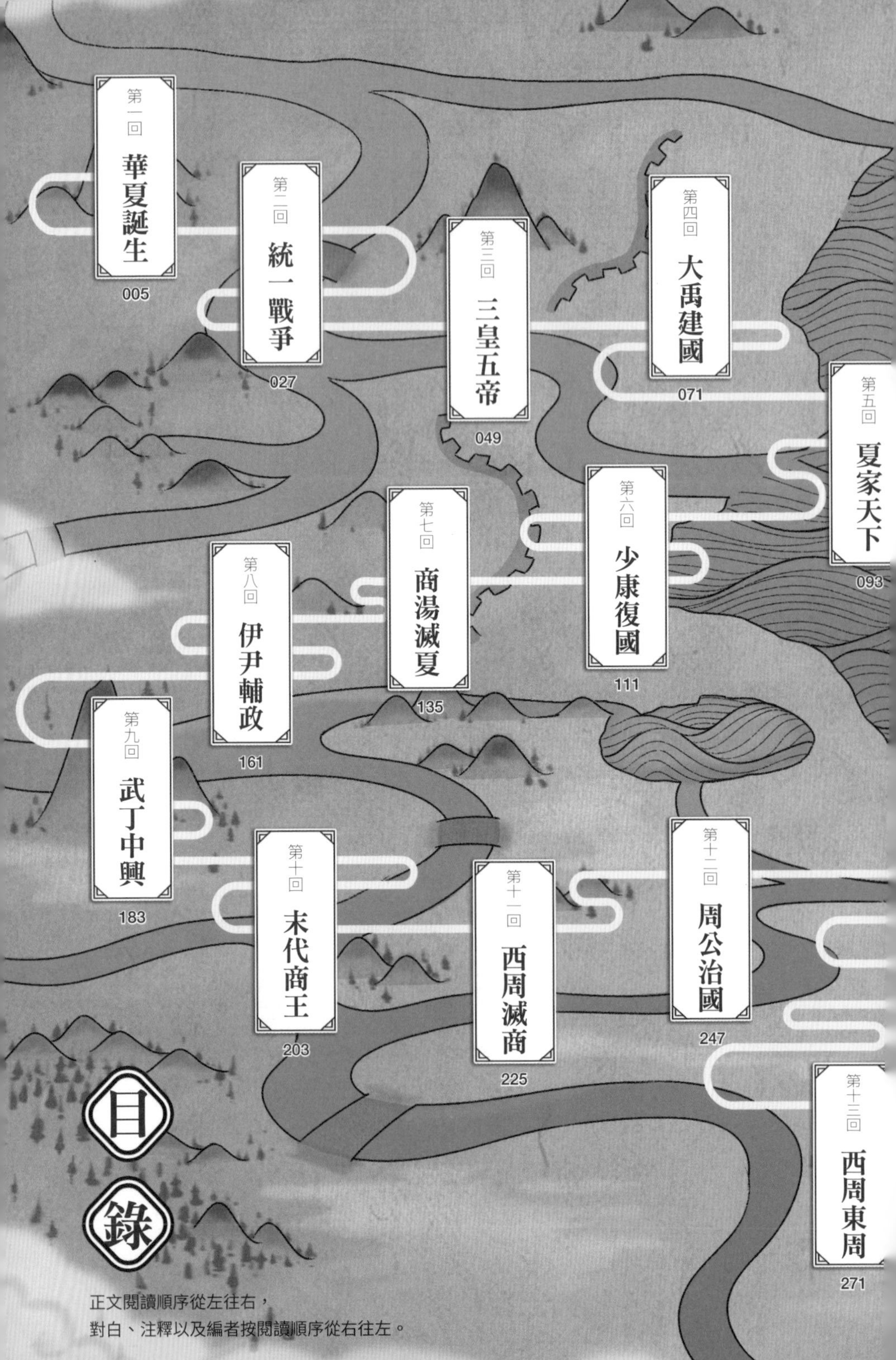

正文閱讀順序從左往右，
對白、注釋以及編者按閱讀順序從右往左。

第一回・華夏誕生

在很久很久以前，天地還未形成。

宇宙宛如一個巨型的**雞蛋**。

《藝文類聚》：「天地混沌如雞子。」

在巨蛋中睡著一個**巨喵**，

《藝文類聚》：「盤古生其中。」

【第一回】

有一天，**巨喵醒了**！

他劈開巨蛋！
蛋殼中清的物質變成了**天空**，
渾濁的物質變成了**大地**。

《藝文類聚》：
「天地開闢，陽清為天，
陰濁為地。」

【華夏誕生】

而巨喵的**身體**，則幻化成了世間萬物。

（世界就這麼形成了。）

《廣博物志》條引《五運歷年紀》：「盤古死後骨節為山林，體為江海，血為淮瀆，毛髮為草木。」

經過數萬年的**繁衍**，

《三五歷紀》：「如此萬八千歲，天數極高，地數極深。」

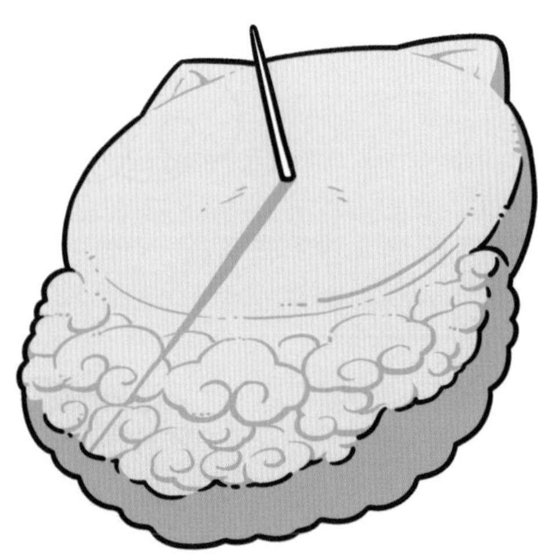

在一片土地上出現了**很多喵**！

為了更好地生存，
喵們組成一個個**小部落**。

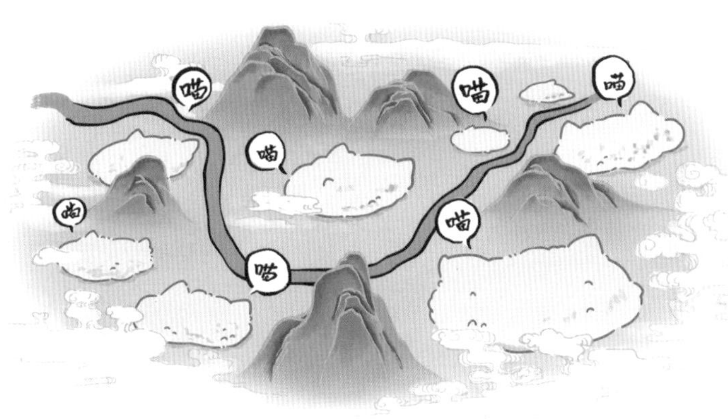

而這之中有**三個喵**，
帶領著自己的部落慢慢崛起。

他們分別是，

北邊**愛養動物**的黃帝喵。

黃帝

【姬姓部落・軒轅氏】

中國中央電視台走進科學叢書《神祕幽寂的皇城》：「黃帝部落在燕山西北部的桑干河流域。」

西邊**愛種地**的炎帝喵。

中國中央電視台走進科學叢書《神祕幽寂的皇城》：「炎帝部落在河南及河北南部。」

炎帝

【姜姓部落・神農氏】

和東邊**愛打架**的蚩尤喵。

ㄔ

蚩尤

【九黎部落】

中國中央電視台走進科學叢書《神祕幽寂的皇城》：「蚩尤的部落在山東、河北和河南的交界（中心在山東的曲阜）。」

炎帝喵是**熱愛學習**的好奇寶寶。

為了分辨出植物們的屬性，他**嘗遍百草**。

（真的不是因為是吃貨?）

《世本·帝系篇》：
「炎帝即神農氏。」
《淮南子》：
「（神農）嘗百草之滋味，水泉之甘苦。」

發現了「粟」這種
可以吃也**可以種**的植物。

《藝文類聚》：
「神農之時，天雨粟，神農耕而種之。」

也發現了各種**毒藥**和**草藥**。

《世本》：
「神農和藥濟人。」
《淮南子》：
「（神農氏）一日而遇七十毒。」

為了方便大家種植，
炎帝喵還造出了農具**耒耜**。

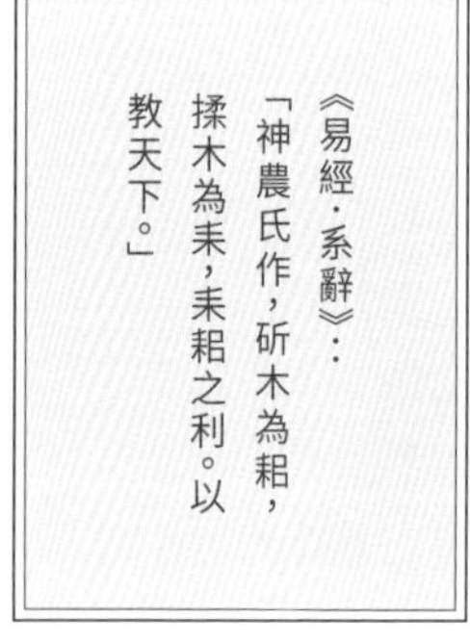

在其他部落還在因為打獵和吃野果**意外「撲街」**時，

炎帝喵的部落已經靠吃糧食和草藥活得**更久**了。

相比起學霸的炎帝喵，
他的**「老表」**黃帝喵則更加**「野」**一點。

根據「中國中央電視台」走進科學叢書《神祕幽寂的皇城》所述，黃帝與炎帝的部落是一個部落的兩個分支，屬於遠親。

＊老表：表親之意。

黃帝喵最愛的就是**研究動物**。

他不僅馴服動物當**家畜**，
還製造了**輪子**和**車**。

《太平御覽》：
「黃帝於是乃馴獸。」
《列子·黃帝》：
「黃帝……帥熊、羆、狼、豹、貙、虎為前驅，鵰、鶡、鷹、鳶為旗幟，此以力使禽獸者也。」
《漢書》：
「昔在黃帝，作舟車以濟不通。」

在他的帶領下，
周邊小部落都紛紛前來**投靠**。
黃帝喵部落漸漸成了北方**強大**的部落。

《史記·五帝本紀》：
「諸侯咸來賓從。」

而在遙遠的東方，生活著一支**「戰鬥民族」**。

首領蚩尤喵**天生**很勇敢，

而且還很善於製造**武器**。

在其他部落，
還在用**石器**砍樹時——

《呂氏春秋》：
「未有蚩尤之時，民固剝林木以戰矣。」

蚩尤喵已經帶弟兄們拿**刀子**去砍喵了。

《世本·作篇》：
「蚩尤以金作兵。」

在這三大部落發展的過程中，
大家都向著有更好生存空間的**中原**地區遷徙。

這天，

黃帝喵**突然**接到屬下的報告。

炎帝喵帶著部落風塵僕僕地

來到黃帝喵面前。

(風塵僕僕?)

原來炎帝喵在遷徙途中

被蚩尤喵**給揍了**。

【華夏誕生】

炎帝喵希望能聯合黃帝喵，
把蚩尤喵趕走。

門巋《二十六史精要詞典》：「（黃帝）向南發展……大概同傳說中的炎帝結盟了。」

這讓黃帝喵很高興！

但……由誰來當**老大**呢？

本著**「能動手就別動口」**的共識，

雙方在**阪泉之野**打了一架。

《史記·五帝本紀》：「（黃帝）以與炎帝戰於阪泉之也。」

（阪泉之戰）

最後，
「文靜」的炎帝喵還是**輸**了。

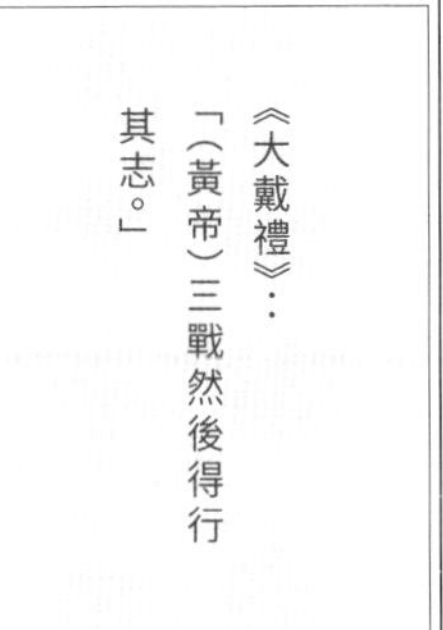
《大戴禮》：「（黃帝）三戰然後得行其志。」

但贏了的黃帝喵並沒有很得意，
反而**以禮相待**。

炎帝喵很感動，
於是也將自己的**耕種**技術，
跟黃帝喵**分享**。

在雙方的努力下，**新的聯盟**成立了，
這就是**華夏民族**雛形的誕生。

李學勤《中國古代文明與國家的形成研究》：「阪泉之戰雖經再三較量，卻沒有殘酷殺戮的記憶，而且通過較量歸於相親，共同對付『作亂』的蚩尤。」

而這時，
另一邊的蚩尤喵聽說
炎黃的聯合後開始**摩拳擦掌**。

白壽彝《中國通史》：「（炎黃）進入中原以後，逐漸向南擴展，遂與苗蠻接壤，並屢次發生衝突。」

雙方抄好傢伙**嚴陣以待**。

命運的齒輪開始轉動。

一邊是強強聯合的**聯盟**，
一邊是剽悍無比的**常勝軍**。

他們之間，
會產生怎樣的故事呢？

（且聽下回分解）

據《國語‧晉語》記載，黃帝和炎帝是兄弟。但實際上，「炎帝」和「黃帝」可能都只是首領的稱號，並不是指某個特定的人。相傳，第一代炎帝就是嘗百草的神農氏，而直到第八代炎帝榆罔才與第一代黃帝軒轅結成炎黃聯盟。另有考古學家考證，黃帝和炎帝的部落，分別屬於五千五百多年前中國仰韶文化的兩個分支，即半坡類型和廟底溝類型。所以說炎帝和黃帝部落同源同祖，屬於遠親。因此雙方雖然發生了戰爭，卻能快速、順利地融合在一起，成為了炎黃子孫的共同祖先。

炎帝——麻花（飾）

黃帝——水餃（飾）

蚩尤——煎餅（飾）

參考來源：《藝文類聚》《廣博物志》《三五歷紀》《世本》《淮南子》《易經》《太平御覽》《列子‧黃帝》《漢書》《史記》《呂氏春秋》《大戴禮》、中國中央電視台走近科學叢書《神秘幽寂的皇城》、門巋《二十六史精要詞典》、李學勤《中國古代文明與國家的形成研究》、白壽彝《中國通史》

【農具的始祖── 耒耜】

耒耜是先秦的農耕工具，
用於鬆土，一般由木頭、
石頭或者骨頭製成。
使用方法類似現在的鏟子。

【「炎帝」和「黃帝」】

「炎帝」和「黃帝」
只是首領的稱號，
並非專指兩個具體的人物。
相傳，第一代炎帝
是神農氏，
而第一代黃帝是軒轅氏。

【炎黃聯盟】

炎黃聯盟一開始並不存在，
是第八代炎帝榆罔上位後，
才與第一代黃帝軒轅
結成了炎黃聯盟。

水餃的角色介紹

水餃，牡羊座。

總是面帶笑容，

像個小太陽，充滿元氣。

劇組裡的正牌擔當，

經常為被欺負的小夥伴出頭。

最愛的食物是炸雞，

喜歡踢足球。

【水餃擬人】

而且是個模型控，

最討厭吃青椒！

水餃的房間

Shuijiao's Room

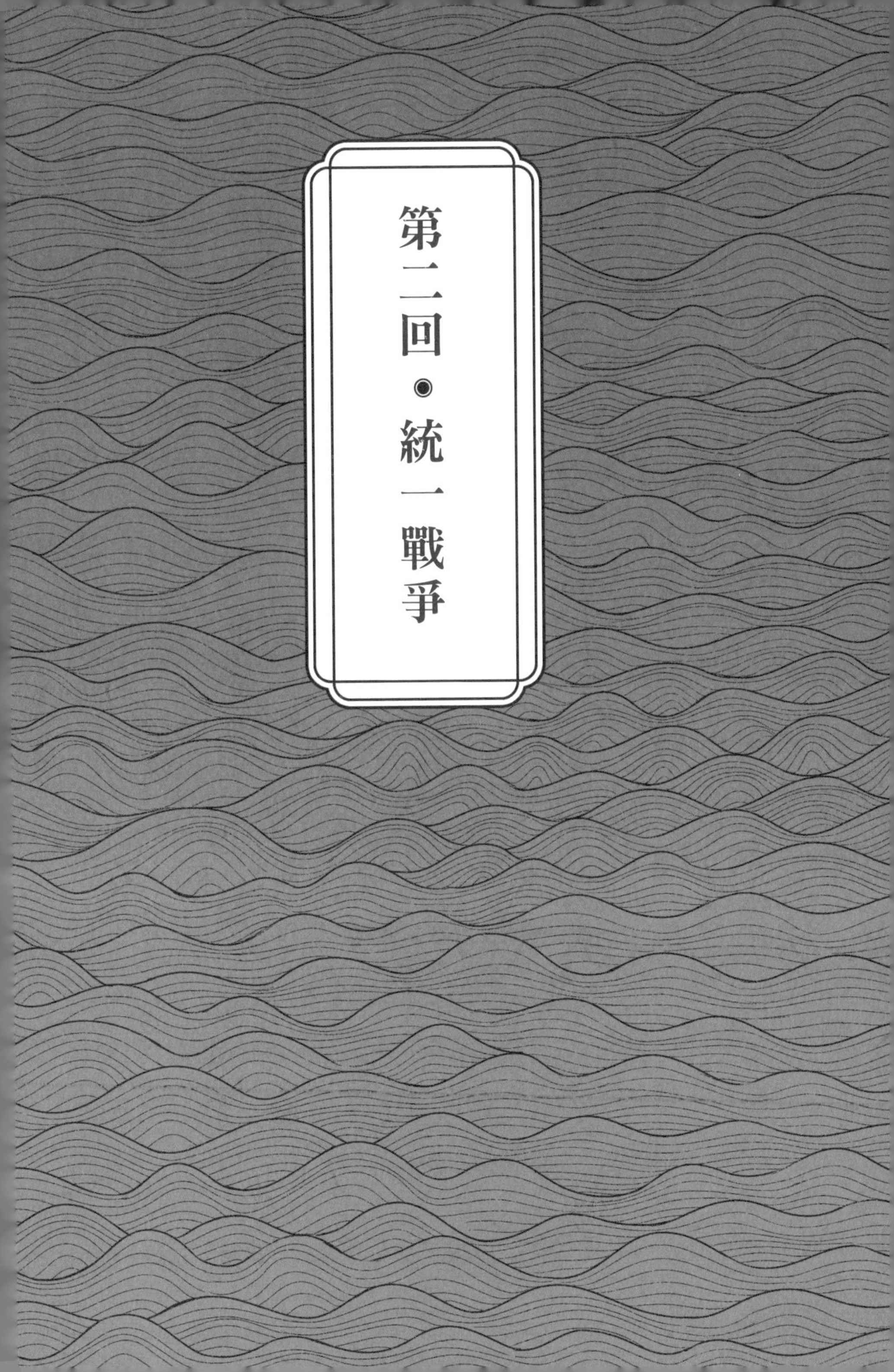

第二回◉統一戰爭

傳說中的蚩尤喵是**上古戰神**，

《史記．封禪書》：「於是始皇遂東遊海上……三日兵主，祠蚩尤。」說明連秦始皇也奉蚩尤為「兵主」，是主管戰爭大事的戰神。

＊ SSR：卡牌遊戲用語，稀有或高級別之意。

跟炎、黃帝喵一樣也是部落**首領**。

不僅**銅皮鐵骨**，

而且還能把沙子**當飯**吃。

（口味很特別啊！）

《龍魚河圖》：「並獸身人語，銅頭鐵額，食沙石子，造五兵，仗刀戟大弩，威震天下。」

在**搶地盤**的過程中，

先是打趴了炎帝喵。

《逸周書·嘗麥篇》：「蚩尤乃逐帝……九隅無遺，赤帝（即炎帝）大懾。」

最終與黃帝喵在涿鹿**約架**。

《史記·五帝本紀》：「於是黃帝乃征師諸侯，與蚩尤戰於涿鹿之野。」

雖然蚩尤喵有八十一個兄弟（部落）……

《龍魚河圖》：「有蚩尤兄弟八十一人。」

但黃帝喵也有
熊、貔、貅、虎（部落）等坐鎮。

《中國古代文明起源》：「黃帝充分動員熊、貔、貅、虎等部落，團結一致。」

雙方打了九個回合，

也沒有分出個高低來……

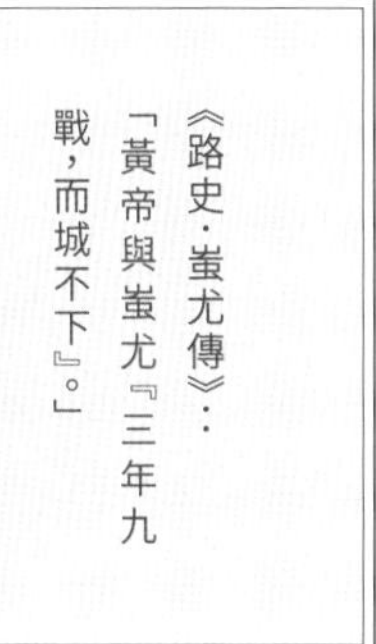

《路史·蚩尤傳》：「黃帝與蚩尤『三年九戰，而城不下』。」

這時，蚩尤喵掀起一陣**大**霧。

《太平御覽》卷十五引《志林》：「蚩尤作大霧，彌三日，軍人皆惑。」

PM2.5攻擊

在濃霧的攻擊下，黃帝喵節節**敗退**。

幸好，一個叫**風后**的喵製造出了**指南車**。

《太平御覽》卷十五引《志林》：「黃帝乃令風后法斗機，作指南車以別四方。」

在指南車的幫助下，
黃帝喵終於衝出了迷霧。

為了反擊，
黃帝喵派手下截斷河流，
準備**水淹**蚩尤喵！

《山海經·大荒北經》：「黃帝乃令應龍攻之冀州之野。應龍蓄水。」

可惜蚩尤喵卻**搶先**一步，
召來了**風神**和**雨神**。

《山海經・大荒北經》：
「蚩尤請風伯雨師縱大風雨。」

在風雨的攻擊下，
黃帝軍**寸步難行**。

袁珂《中國神話傳說》：
「狂風和驟雨都向黃帝這邊陣地上吹打過來，吹打的黃帝的軍隊站腳不住，四散潰逃。」

黃帝喵只好向**神女旱魃**求助。

旱魃乃是乾旱的**女神**，
所到之地**寸草不生**。

袁珂《中國神話傳說》：
「魃居留的地方，總是旱雲千里。顆雨全無。」

有了她的幫助，
整個戰場頓時**乾到飛起**。

這讓在海邊長大的蚩尤軍，
無法適應，戰鬥力**銳減**。

《山海經·大荒北經》：
「黃帝乃下天女曰魃，雨止。」

【第二回】

兩方勢均力敵，
慢慢陷入了**拉鋸戰**。

沒經歷過這麼長時間戰鬥的
黃帝軍士氣也變得**低落起來**。

袁珂《中國神話傳說》：
「（黃帝）這邊軍隊的士氣又漸漸低落了。」

有一天黃帝喵在**午睡**。

夢中一個仙女奉命前來**助他**。

《太平廣記》：「王母乃命一婦人，人首鳥身，謂帝曰：『我九天玄女也。』」

仙女告訴黃帝，
要振軍心需要一面特殊的**軍鼓**。

《山海經·大荒東經》：「其上有獸……其名曰夔。黃帝得之，以其皮為鼓，橛以雷獸之骨，聲聞五百里。」

要用夔(ㄎㄨㄟˊ)皮做鼓面，雷獸骨頭作鼓槌。

（傳說中樣子像獨腳的牛）

《繹史》引《黃帝內傳》：「黃帝伐蚩尤，玄女為帝製夔牛鼓。」

接著，仙女把神仙用的兵法教給了黃帝喵。

還送了他一把大寶劍！

《雲笈七籤》：「玄女即授帝六甲、六壬兵信之符……靈幡命魔之劍。」

從睡夢中拿了一身**極品裝備**的
黃帝喵開始重回戰場。

他先通過神仙兵法布陣
把蚩尤軍團團**圍住**。

然後開始**擂軍鼓**！

《康熙字典》引《廣成子傳》：「（黃帝）以馗（即夔）牛皮為鼓，九擊而止之。」

咚咚咚！

九通鼓後，

蚩尤軍已經快要被**震暈了**！

袁珂《中國神話傳說》：「黃帝這邊軍威大振，卻嚇得蚩尤（軍隊）魂喪魄落。」

再加上黃帝軍的攻擊，

蚩尤軍**兵敗如山倒**。

蚩尤喵雖然頑強**抵抗**……

但還是**輸**給了滿級的黃帝喵。

《史記‧五帝本紀》：
「遂擒殺蚩尤。」

蚩尤喵的部落，
有的接受黃帝喵的**感化**，

歸順了炎黃部族。

《拾遺記》：
「軒轅去蚩尤之凶，遷其民善者於鄒屠之地。」

有的則帶著蚩尤喵的威名**逃向遠方**。

《拾遺記》：
「遷惡者於有北之鄉。」

戰神的名聲也因此越傳越響。

黃帝喵在征服小部落的時候，

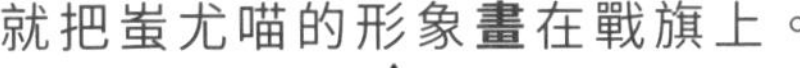
就把蚩尤喵的形象**畫**在戰旗上。

大家都以為戰神歸降了，

於是顫抖地**投降**。

《龍魚河圖》：
「蚩尤沒後，天下復擾亂不寧，黃帝遂畫蚩尤形象，以威天下。天下咸謂蚩尤不死，八方萬邦，皆為殄伏。」

就這樣，
黃帝喵征服了**整個**中原地區。

《史記·五帝本紀》：「而諸侯咸尊軒轅為天子……有土德之瑞，固號黃帝。」

三大部落**相互融合**，

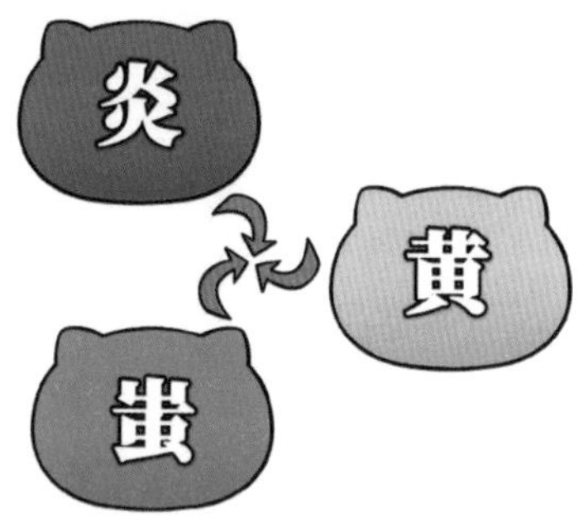

炎帝喵、黃帝喵、蚩尤喵，
成為了華夏族的**共主**。

黃帝喵也成為了「三皇五帝」的**五帝之首**。

《史記·五帝本紀》列黃帝、顓頊、帝嚳、堯、舜為五帝。

張大可《史記論著集成》：「司馬遷本人……很願意將黃帝列為五帝之首，並推演和實證五帝的歷史功績。」

那麼**三皇五帝**究竟是哪些喵呢？

（且聽下回分解）

編者按

涿鹿之戰是「中國傳說時代」最有名的一場戰爭，同時也是黃河中下游不同原始文化之間的大碰撞。

在涿鹿之戰後，炎帝、黃帝和蚩尤的三大部落融合在一起，奠定了華夏文化的雛型。原始時期由於沒有文字記載，很多故事都是口耳相傳。

傳說中，炎帝為牛頭、黃帝有四張臉，而蚩尤則是「四目六手人身牛蹄」。這記錄了當時不同部落的圖騰崇拜，或是在描述用動物毛皮製成的服裝。

雖然充滿了神話色彩，卻可能隱含了原始時期的真實社會面貌和歷史事件。

黃帝——水餃（飾）

風神——烏龍（飾）

雨神——豆花（飾）

炎帝——麻花

蚩尤——煎餅（飾）

九天玄女——湯圓（飾）

旱魃——饅頭（飾）

參考來源：《史記》《龍魚河圖》《逸周書》《路史》《太平御覽》《太平廣記》《繹史》《雲笈七籤》《康熙字典》《拾遺記》《中國古代文明起源》、袁珂《中國神話傳說》、張大可《史記論著集成》

【上古怪獸──夔ㄎㄨㄟˊ】

夔出自《山海經》，
是傳說中的上古怪獸。
雖然長相似牛，
但只有一條腿，
且皮膚為蒼色。
這種神獸每次出現，
都會伴隨著狂風暴雨，
周身發出日月般的光芒。

【女神中的戰鬥機──九天玄女】

傳說九天玄女擅長奇門遁甲，
又通曉兵法，
是代表正義的戰爭之神。

【黃帝之師】

在道教，九天玄女被稱為
「黃帝之師」，
她不但授予了黃帝
寶劍和兵法，
還教授他驅使鬼神的方法。

喵群喵檔案

豆花的角色介紹

豆花，天秤座。

最喜歡收集各種舊物，

一到吃飯就糾結。

每天都要洗三次澡。

很受異性歡迎。

【豆花擬人】

似乎對恐怖片免疫……

最愛的花是波斯菊。

豆花的房間
Douhua's Room

第三回◉三皇五帝

講**中國歷史**，有一個詞是一定避不開的。

那就是——

呂思勉《中國民族史》：「言古史者，必稱三皇五帝。」

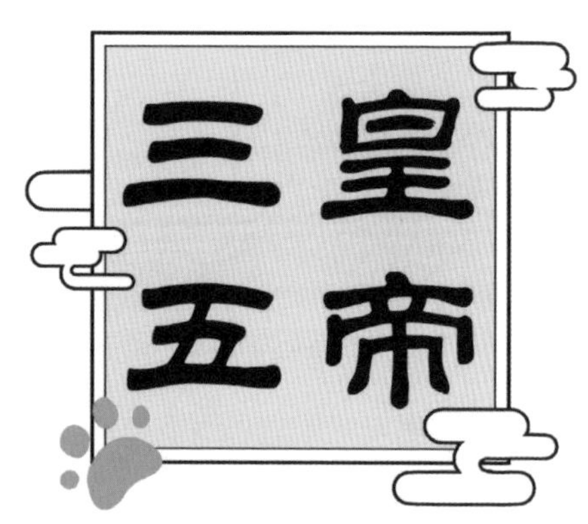

雖然我們沒少聽到這個詞，

但……

三皇五帝究竟**是誰**呢？

據史書記載，
三皇五帝存在於**上古**時期。

具體都**有誰**呢?
還真說不清……
各種古籍**各種**說法。

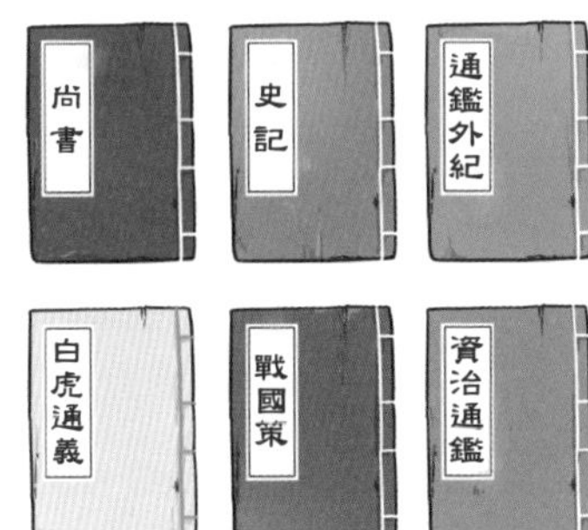

但簡單地說，
三皇五帝是指:
「三個皇」和**「五個帝」**。

「皇」和「帝」是什麼意思？

《說文》說，
「皇」者，大也。
就是**最高**的意思。

而「帝」者，
諦也，王天下之號也。
大概是統治者的意思。

所以「皇帝」的字面意思就是──

最高的統治者

順帶一提，
造出「皇帝」這個詞的就是秦始皇喵。

《史記・秦始皇本紀》：「去『泰』，著『皇』，採上古『帝』位號，號曰『皇帝』。」

他把「皇」和「帝」**併在一起**。

以此表示自己比傳說中的「三皇五帝」**更厲害**。

咳咳，扯回來。

總之，

「三皇五帝」就是古時一群厲害的**部落頭頭**。

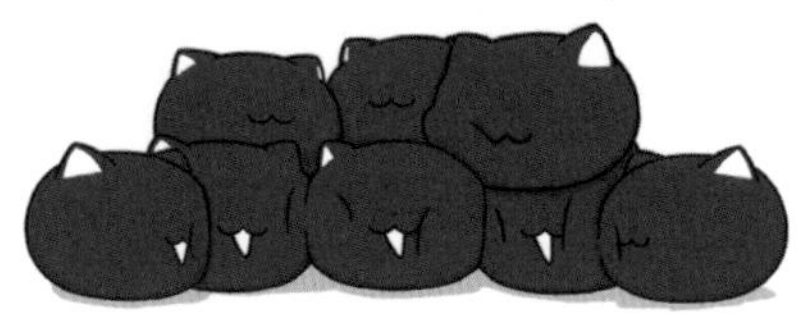

今天我們選取**最常見**的說法跟大家整理整理。

第一次用「三皇」指代三個喵的是**《史記》**。

呂思勉《先秦史》：「三皇五帝之名……未知其意果何指……《史記》載博士議帝號。」

分別是

天皇、地皇、人皇（泰皇）。

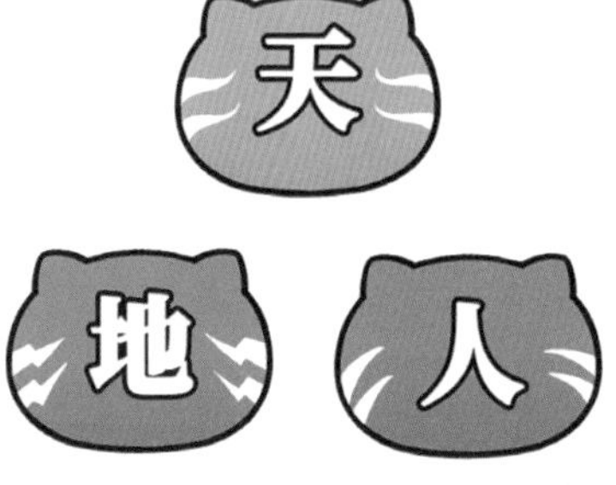

《史記·秦始皇本紀》：「古有天皇、有地皇，有泰皇。」

而到了《尚書大傳》的時候，

就解釋了**三皇對應**的喵。

天皇── **燧人喵**

呂思勉《大中國史》：「三皇的次序，應當從《尚書大傳》，燧人在前，伏羲次之，神農最後。」

天皇

人皇── **伏羲喵**

地皇——**神農喵**

《風俗通義》引《尚書大傳》：「燧人以火紀，火，太陽也，陽尊，故托燧皇於天；伏羲以人事紀，故托羲皇於人；蓋天非人不因，人非天不成也。神農悉地力，種穀蔬，故托農皇於地。」

燧人喵教會了大家如何**鑽木取火**。

《古史考》引《禮記·曲禮·正義》：「於是有聖人以火德王，造作鑽燧出火，教人熟食，鑄金作刃，人民大悅，號曰燧人。」

火代表**光明**，

於是燧人喵被奉為天皇。

伏羲喵不僅教會大家用**網捕動物**，
還教大家**割獸皮**做衣服。

《漢書·律曆制》：
「作網罟以田漁，取犧牲，故天下號曰炮犧氏（即伏羲）。」
《路史》引《白氏六帖》：
「伏羲作布。」

為大家解決**衣食問題**，
所以他被奉為人皇。

對了，
中國的**八卦**也是他發明的。

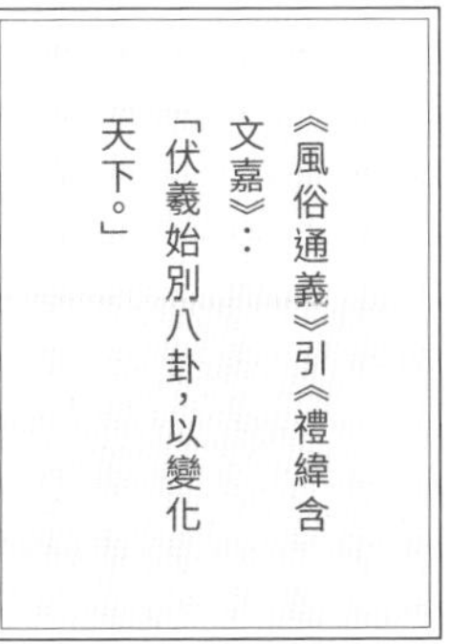
《風俗通義》引《禮緯含文嘉》：
「伏羲始別八卦，以變化天下。」

神農喵其實也就是**炎帝**，

他教會大家**製作農具**和**種莊稼**。

《藝文類聚》：
「神農之時，天雨粟，神農耕而種之。」
《易經‧系辭》：
「神農氏作，斫木為耜，揉木為耒，耒耜之利，以教天下。」

因為他做的事都跟**土地有關**，
所以被奉為地皇。

因為他們的創造和貢獻，
遠古時期的中國喵民們
擺脫了原始生活。

呂思勉《先秦史》：「五帝之名，鑑於《大戴禮紀．五帝德》者，曰黃帝、顓頊、帝嚳、堯、舜，《史記．五帝本紀》依之。」

而五帝呢，具體指
黃帝喵，顓頊喵
帝嚳喵，帝堯喵，帝舜喵

黃帝喵**統一中原**成了華夏共主。

《史記．五帝本紀》：「黃帝乃征師諸侯……而諸侯咸尊軒轅為天子……天下有不順者，黃帝從而征之。」

顓頊喵則**改革了曆法**。

《漢書·律曆制》：「曆數之起上矣。傳述顓頊命南正重司天，火正黎司地……用顓頊曆。」

帝嚳喵**定立了節氣**。

《國語·魯語》：「帝嚳能序三辰以固民。」

帝堯喵**測定了四時**。

《史記·五帝本紀》：「帝堯……乃命羲、和……以殷中春……以正中夏……以正中秋……以正中冬。」

帝舜**教化民眾**，制定等級。

《史記·五帝本紀》：「於是舜乃至於文祖，謀於四岳，辟四門，明通四方耳目，命十二牧論帝德，行厚德，遠佞人，則蠻夷率服。」

五位賢喵都勵精圖治，
客觀上發展壯大了民族。

不過話說回來，當時的優秀首領那麼多，
為什麼最後廣為流傳的只有**五位**呢?

楊升南《遠古中華》：
「戰國時期的著作中，『三皇五帝』就比較常見了。」
楊升南《遠古中華》：
「學者認為他們大都是戰國秦漢時期人們偽造的。」

「五帝」的講法是**戰國**時期才有的。

當時社會上流行一種叫**「五行說」**的觀點。

意思就是金木水火土這五行，
構成了大家所需要的**一切**生活資料。

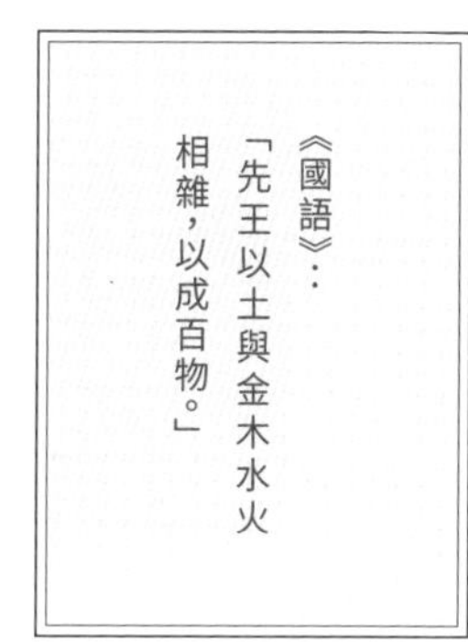
《國語》：「先王以土與金木水火相雜，以成百物。」

而五行相生相剋，
推動了世間萬物的演進。

這個觀點
在當時紅到什麼地步呢？

所有東西都要**強行**湊成「五」！

唯五獨尊

比如**五色**——

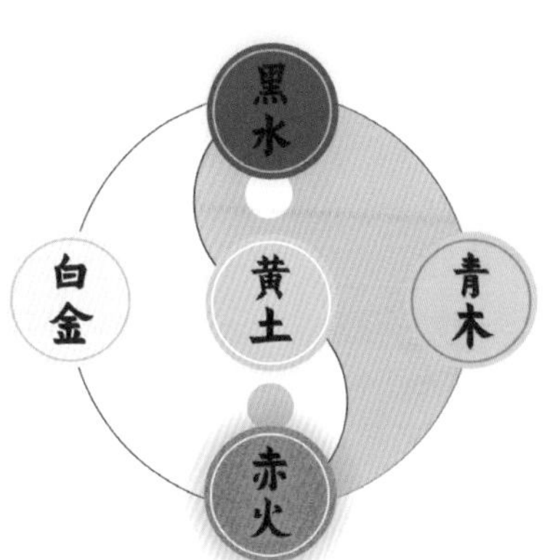

翁銀陶《略論先秦兩漢的陰陽五行學說》：「《孫子兵法》、《老子》、《墨子》等文中，多次出現五色、五音、五味等概念。後期《呂氏春秋》又有了更明確的聯繫組配。」

五位——

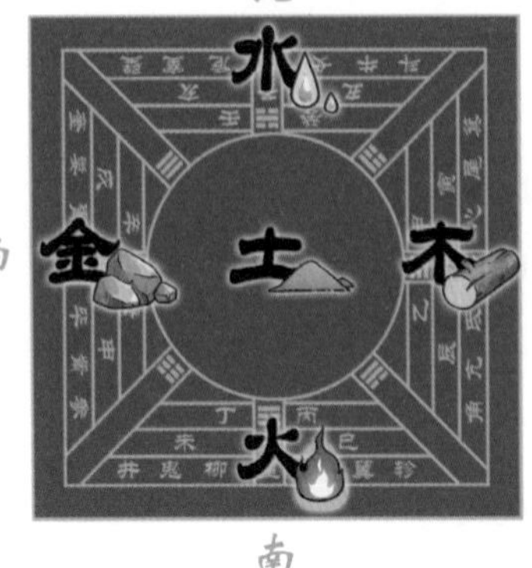

許地山《中國史略叢刊・道教史》：「以五行配四方，強行加入中央土。」

史官在**編寫史書**的時候也就自然出現了「五帝」……

《孔子家語》：「天有五行，木、火、金、水、土，分時化育，以成萬物，其神謂之五帝。」

三皇五帝，除了代表八位**遠古賢喵**外，也代表了**兩個時代**。

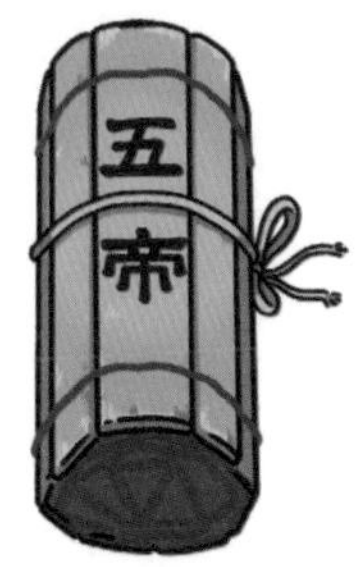

三皇時代讓喵民們從**原始到文明**。

呂思勉《先秦史》：「吾國開化之跡，可徵者始於巢、燧、羲、農。」

五帝時代又從文明慢慢演變成**國家雛形**。

三皇五帝不僅是遠古的傳說，
也是華夏族的**根源和開端**。

至此，我們形成國家的條件也**基本具備**。

（喵民們要開始建立國家了。）

（且聽下回分解）

編者按

史學家分析，燧人、伏羲和神農可能都只是部落的名字，因為這些部落文化程度高、實力強，令其他部落也開始跟隨、聽從。

在後世的傳說中，這些部落的首領就被慢慢神化，部落的發明和功績也都歸於首領，漸漸形成了帶有神話色彩的「三皇」形象。

《世本‧帝系篇》記載：「炎帝即神農氏。」有學者認為，炎帝是部落首領的稱號，部落聯盟由多個部落組成，其中就包括神農氏部落。

因為神農氏部落的首領擔任了炎帝的職務，所以二者是重疊的。

參考來源：《史記》《風俗通義》《古史考》《漢書》《路史》《風俗通義》《藝文類聚》《易經》《國語》《孔子家語》、呂思勉《中國民族史》《先秦史》《大中國史》、楊升南《遠古中華》、翁銀陶《略論先秦兩漢的陰陽五行學說》、許地山《中國史略叢刊‧道教史》

【自然的密碼—— 八卦】

八卦出自古代的陰陽學，
其中「—」代表陽、「– –」代表陰，
用陰陽組合生成了八種變化，
即為八卦。
八卦分別代表了天、地、水、火、雷、風、山、澤。
如果兩相組合，
又能生成六十四卦，據傳能用來解釋天地萬象。

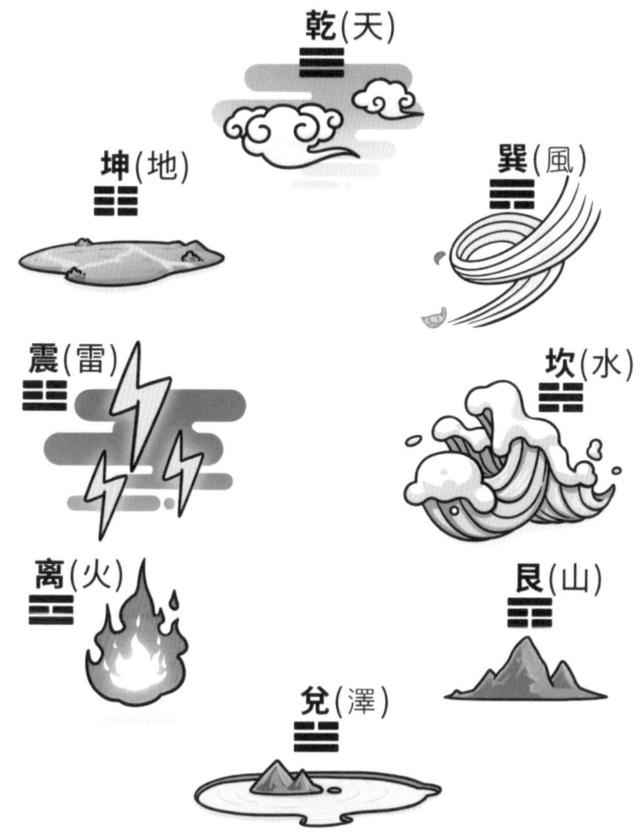

群喵檔案

烏龍的角色介紹

烏龍，巨蟹座。

一身純黑色的皮毛，

面容嚴肅的居家好男人。

喜歡起司和草莓，

對小動物很親近。

【烏龍擬人】

平時話非常少，

但是對身邊的人卻關心入微。

看到髒亂的地方就忍不住要打掃。

烏龍的房間
Wulong's Room

第四回 ◉ 大禹建國

話說自從黃帝喵**一統中原**之後，

上古喵民們變成了一個**大聯盟**。

之後經過**四代賢帝**的治理，

華夏族群得到進一步**壯大**。

可突然有一天，天降**洪水**！

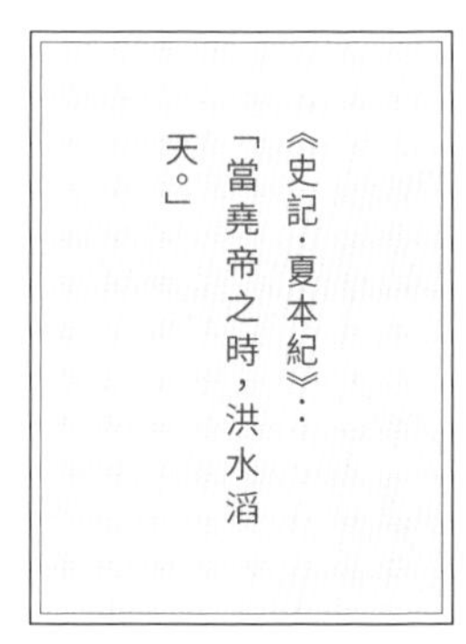
《史記·夏本紀》：「當堯帝之時，洪水滔天。」

喵民們不僅莊稼被毀，生命也受到了**威脅**。

為了**治理洪水**，

大家推舉了一個名為鯀的喵來治水。

《史記・五帝本紀》：「堯求能治水者，群臣四岳皆曰鯀可。」

鯀喵是「建築系」的高才生。

為了治水，

他做了 **「一堵牆」** 來堵水。

《尚書・洪範》：「鯀堙洪水，汨陳其五行。」《山海經》：「鯀乃以石息壤以填洪水。」

【第四回】

結果呢，水**越漲越高**。
一決堤，還是把大家給淹了……

鯀喵只能「滾」了……

但水還是得治啊！
於是乎由鯀喵的兒子禹喵**補上**。

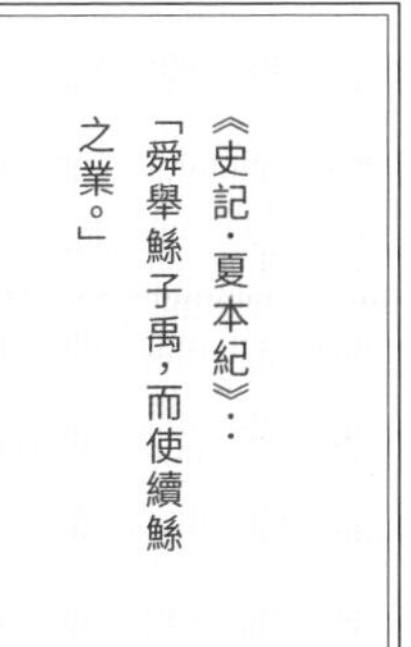
《史記·夏本紀》：
「舜舉鯀子禹，而使續鯀之業。」

禹喵知道**不能**按老爸那套來治水了。

水是往**低處**流的，

要治水，不能光靠堵，
要把水**引入江河海**才行。

他開始潛心研究地理情況，

訪山川，測地形，

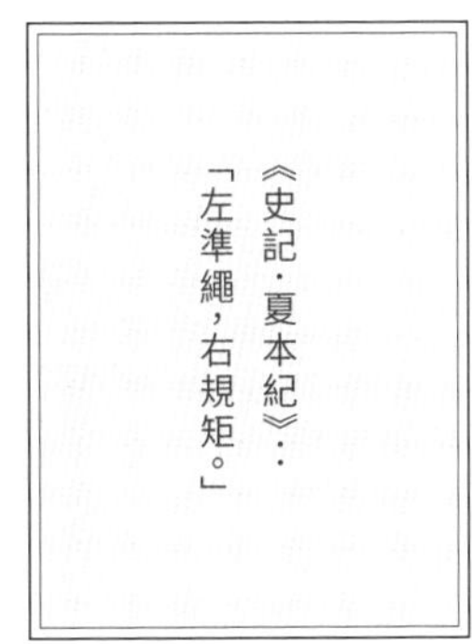

《史記·夏本紀》：

「左準繩，右規矩。」

帶領喵們按著地勢高低**開路挖渠**，

《國語·周語》：

「其後伯禹……厘改制量，象物天地，比類百則……高高下下，疏川導滯，鍾水豐物，封崇九山，決汩九川，陂鄣九澤，豐殖九藪，汩越九原，宅居九隩，合通四海。」

從一個地方**走到**另一個地方。

甚至**三次路過**家門口，都沒時間進去。

《孟子．滕文公上》：「禹八年於外，三過其門而不入。」

還因為**老泡水**，連腿毛都沒了……

《韓非子．五蠹篇》：「禹之王天下也，身執耒臿，以為民先，股無胈，脛不生毛。」

這樣忙啊、忙啊……

天下漸漸地被**劃分為九塊**。

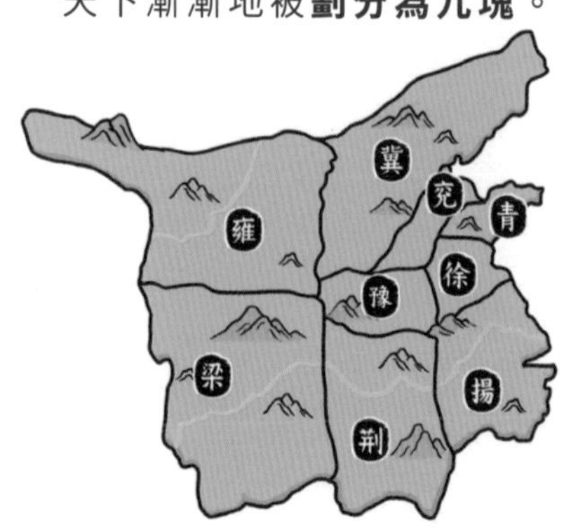

《史記．河渠書》：「以別九州，隨山浚川，任土做貢。」

這就是所謂的**九州**！

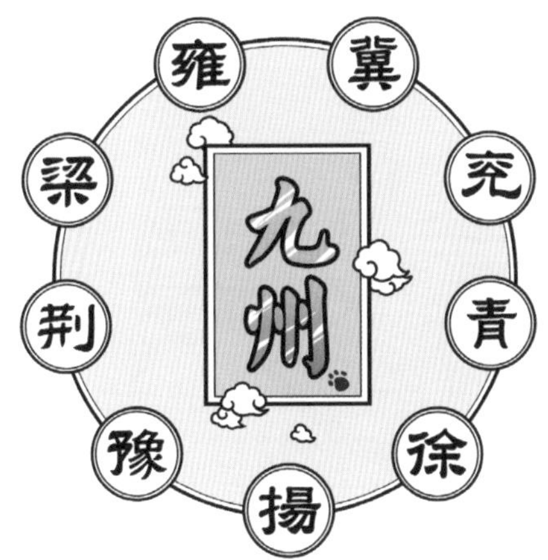

我們如今**地域的概念**，
正是從那時候開始的。

在禹喵的倡導下，
各州之間開始**互相幫助**。

《史記·夏本紀》：
「食少，調有餘相給，以均諸侯。」

十三年後，
禹喵終於**打通了**所有的水道。
洪水成功**被控制**了！

《史記・夏本紀》：「於是九州攸同，四奧既居，九山刊旅，九川滌原，九澤既陂，四海會同。」

【第四回】

喵們非常**崇拜禹喵**。

為了表彰禹喵的**偉大**，
喵民們開始稱呼他**大禹喵！**

甚至還自發地擁立他為**新的首領**。

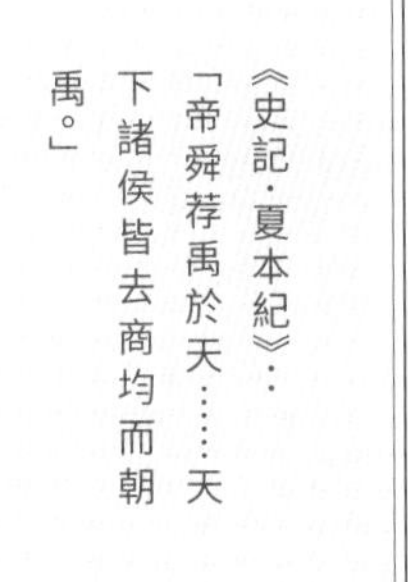

《史記·夏本紀》：「帝舜荐禹於天……天下諸侯皆去商均而朝禹。」

而治水後，陸路、水路的**暢通**，
讓九州之喵們可以前來**進貢**當地的土特產。

為了紀念這個特殊的日子，
大禹喵熔了貢品裡的**青銅器**，

> 《史記·封禪書》：
> 「禹收九牧之金，鑄九鼎。」

鑄造了**九個**大鼎。

每個鼎上都描繪著
代表這個州的山川野獸。

> 《史記·楚世家》：
> 「昔虞夏之盛，遠方皆至，貢金九牧，鑄鼎象物，百物而為之備，使民知神奸。」

【第四回】

而擁有這九個鼎的大禹喵，
就是天下的**霸主**。

昭告著天下已經是一個**整體**，
這個一統的整體就是 **「夏」** 。

一言九鼎的「九鼎」正是來自於此。

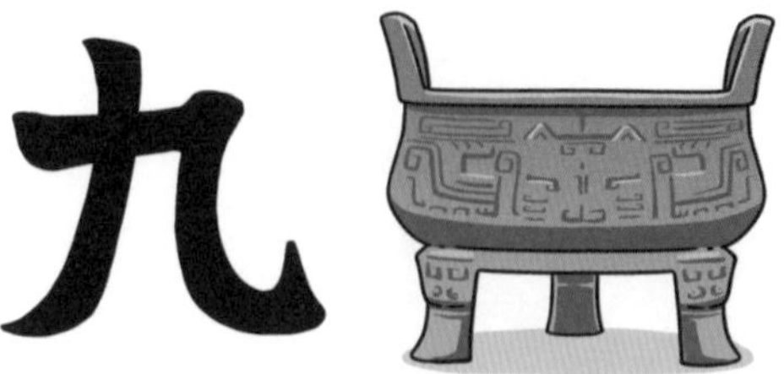

鼎也成了炎黃喵民們**最貴重**的禮器。

《公羊傳·桓公二年》何休注云：「禮祭天子九鼎。」

總的來說，
從五帝時代進入大禹時代，
喵民的**社會體制**慢慢發生了變化。

水患的治理，讓喵民們能**安穩地生產**。

從糧食**剛好**夠生存，
變成了食物有**剩餘**。

這讓本來需要**集體耕作**的公有制慢慢**消失**。

有了剩餘之後，**私有制**開始出現了。

有藏得**少**，有藏得**多**，

（私有制）

社會上就出現了**窮喵**和**富喵**。

徐中舒《先秦史十講》：「富有的家長逐漸把持了部落或部落聯盟的酋長地位。」

階級就這麼誕生了。

當**階級變大**，

也就形成了「國家」這個形態。

而作為領導者的大禹喵，擁有著天下，
就成為了階級的頂端。

於是成為國家體制的第一個統治者。

那麼大禹喵建立了夏朝後，
又發生了什麼故事呢?

（且聽下回分解）

在農業社會，水利的重要性是不言自明的。大禹治理好了洪水，這令他的威望達到了前所未有的高度。

與此同時，當時中原的部落聯盟與南方的三苗集團戰爭不斷，而禹帶領部落在戰爭中取得關鍵性勝利，增強了部落聯盟內部的團結。這一切都為禹開創中國第一個王朝打下了基礎。《史記》中，堯不同意讓鯀去治水，最後卻因為其他部落首領的制約而妥協。但《國語》記載，禹因為防風氏的首領遲到而殺了他。

這就說明到了禹的時期，相對平等的部落關係已遭到破壞。

大禹——油條（飾）

鯀——花卷（飾）

參考來源：《史記》《尚書・洪範》《山海經》《國語》《孟子》《韓非子》《公羊傳》、徐中舒《先秦史十講》

【大禹的最愛——規矩】

大禹治水時經常用
圓規和方矩測量地勢。
圓規用於畫圓，
方矩用於畫方。
由於它們具有規範的作用，
後人就用「規矩」
指代生活中的規則、禮法。

【築「牆」神器——息壤】

關於鯀的故事，
還有一個神話版本。
傳說當年鯀為了治水，
從天上偷來神土築「牆」，
神土名為息壤。

【受天帝懲罰】

可惜鯀偷息壤的行為，
得罪了天帝。
在天帝的阻撓下，
鯀喵治水失敗了。

油條的角色介紹

油條，射手座。

極限運動迷。

騎越野單車摔斷了手，

又踩滑板摔斷了腿。

最近迷上了翼裝飛行……

【油條擬人】

過動症，一刻都停不下來。

最愛的食物是可樂！

油條的房間

Youtiao's Room

第五回・夏家天下

相傳大禹**治水成功**，

大家擁護他成為**首領**，

於是他建立了中國歷史上第一個國家**「夏」**。

人民教育出版社《普通高中課程標準實驗教科書·歷史必修一》：「禹建立我國歷史上第一個王朝——夏。中國出現早期國家政治制度。」

在這個穩定的政體下，喵民們**生活繁衍**。

很多年後，年輕強壯的大禹也慢慢**衰老**。

又到了選定**接班喵**的時候了。

大禹的首領位置是**上一代**的首領讓給他的。

人民教育出版社《普通高中課程標準實驗教科書·歷史必修一》：「因禹治水有功，舜將部落聯盟首領的權位讓給他。」

於是乎大禹也效法先代，
指定一個他認為有才能的喵接班。

可惜……這隻喵**不受**大家**喜愛**……

《史記·夏本紀》：「雖授益，益之佐禹日淺，天下未治。」

大家擁護誰呢？

是大禹喵的兒子——

啟喵！

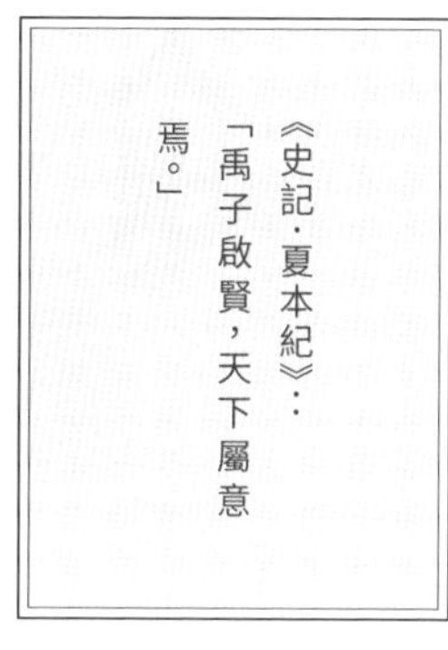
《史記·夏本紀》：「禹子啟賢，天下屬意焉。」

啟一直**跟隨**在爸爸身邊。

他在大禹成為首領後，
也擔任了很多**要務**。

《韓非子·外儲說》：「禹愛益而任天下於益。已而以啟為吏。」
《史記·燕召公世家》：「禹荐益，已而以啟人為吏。」

慢慢地，
在大家的心目中，啟喵**才是**真正的接班喵。

於是乎，
啟喵在大家的**擁護**下，
繼承了大禹喵的位置。

《史記》：
「故諸侯皆去益而朝啟……於是啟遂即天子之位。」

而且還在鈞台開了個**新聞發布會**昭告天下。

《左傳》：
「夏啟有鈞台之享。」
《竹書紀年》：
「大饗諸侯於鈞台。」

雖然大部分喵都是心悅誠服的，
但也有那麼一些**反對**的聲音。

比如其中一個最大的「刺頭」 **有扈氏**。

人家不服，怎麼辦呢?

打呀！

於是啟喵和有扈氏，

就在一個叫「甘」的地方**打了一架**。

（甘之戰役）

《史記．夏本紀》：

「啟伐之，大戰於甘。」

最終，啟喵**獲勝**，

《史記．夏本紀》：

「遂滅有扈氏。」

成為了新一代的**喵首領**。

《史記．夏本紀》：

「天下咸朝。」

至此，大禹的王位被啟**繼承**。

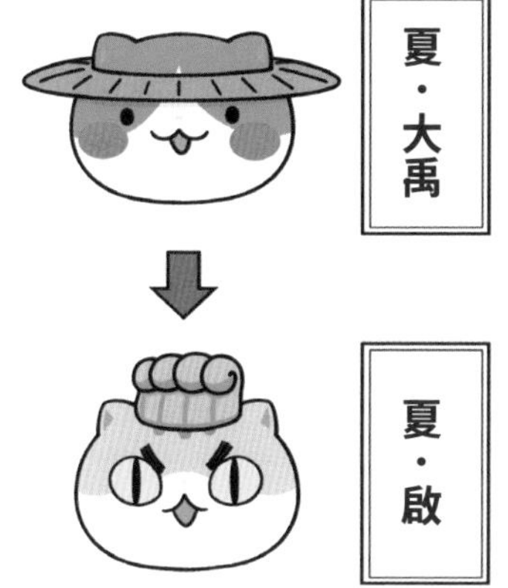

人民教育出版社《普通高中課程標準實驗教科書·歷史必修一》：「禹死後，他的兒子奪得王位。」

而啟之後又由他的**兒子**接班。

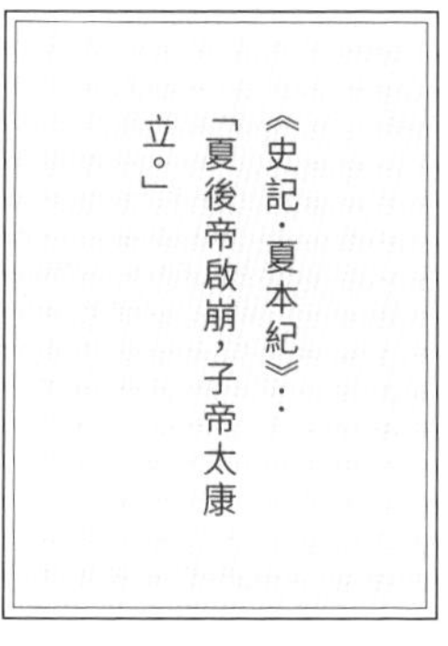

《史記·夏本紀》：「夏後帝啟崩，子帝太康立。」

「國」就慢慢變成了他們**家**的東西。

人民教育出版社《普通高中課程標準實驗教科書·歷史必修一》：「王位在一家一姓中傳承，『家天下』的局面逐漸形成。」

這種把自己的王位傳給子嗣的制度，

就是**「王位世襲制」**。

人民教育出版社《普通高中課程標準實驗教科書·歷史必修一》：「原始社會後期的禪讓制被王位世襲制所取代。」

相對的，

從前傳位給「賢能」的制度

就是**「禪讓制」**。

人民教育出版社《普通高中課程標準實驗教科書·歷史必修一》：「歷史上把這種傳位給賢能人的制度稱為『禪讓』。」

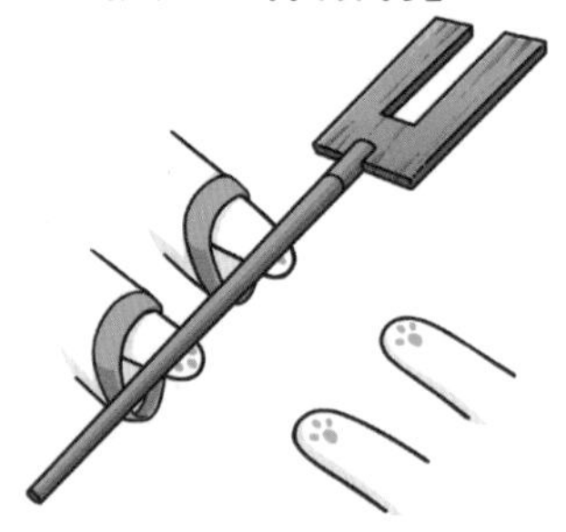

那麼這種從「傳賢」到「傳子」的**轉變**，

是不是文明倒退了呢？

試想下，在農業國家，
如果每次老大更迭都要**發生戰爭**。

那得多麼打擾喵民們**種地**呀！

《孟子》：「夏后氏五十而貢。」馬金華《中國賦稅史》：「（夏）不分凶年、豐年都要繳納規定數量的糧食。」

所以王位的世襲，讓政權的交替
更加**高效**和**穩定**。

你想想，
反正選老大的規矩都訂好了，
幹架的事也就**少了**。

這是歷史的必然，
也更有利於**農業社會**的發展。

張麗《簡論中國傳統社會制度的生成機制》：「結束了不確定的權力的爭奪，並能從『王國』的角度建立統一的規章制度，從而節省了統治成本。」

於是這個制度一用，
就是幾千年。
原因也很簡單……

但凡事也有**兩面性**，
比如說接班喵是個**笨蛋**……

國家也許就會走向衰落或者滅亡。

（且聽下回分解）

編者按

在《史記》中，堯禪讓給舜，但舜登位前說要讓位給堯的兒子；舜禪讓給禹，但禹登位前也說要讓位給舜的兒子。

這說明在堯舜禹時期，『父子相承』的觀念已經形成了。

只是堯與舜的兒子能力和聲望都比較弱，不足以打破既定的禪讓傳統。而禹因為治水成功，獲得了空前牢固的民眾基礎，這聲望也延續到了他兒子啟的身上，加上啟本身足夠強大，所以才能順理成章地繼承王位。

因此，啟能夠建立「家天下」，除了歷史的因素，也有個人的因素。

大禹——油條（飾）

有扈氏——煎餅（飾）

啟——瓜子（飾）

參考來源：《史記》《韓非子》《左傳》《竹書紀年》《孟子》、人民教育出版社《普通高中課程標準實驗教科書·歷史必修一》、馬金華《中國賦稅史》、張麗《簡論中國傳統社會制度的生成機制》

【倒楣的接班人── 伯益】

大禹退位時指定的接班人
就是伯益。
但威望比不上啟，
繼任失敗。
傳說他能說鳥語，
能馴服鳥獸，
還是第一個發明水井的人。

【K 歌小王子── 啟】

啟除了擅長處理政務和打仗，
還是個業餘音樂愛好者。
他喜歡在野外跳舞，
唱歌方面則有自己的
代表曲目《九歌》和《九辯》。

【偷天樂】

另有傳說，
《九歌》和《九辯》
本來是天樂，
是啟跑到天上偷來凡間的。

群喵檔案

瓜子的角色介紹

瓜子，金牛座。

瓜子最喜歡做的事情就是賺錢，

經營著一家網路商店，

很有商業頭腦，每天精打細算，

而且是討價還價的高手。

【瓜子擬人】

最愛吃牛排。

最喜歡的朋友是花卷。

瓜子的房間

Guazi's Room

第六回 ◉ 少康復國

夏朝的建立讓王位成為了**世襲**。

夏朝的國君們把王位**代代相傳**。

那麼，

夏朝有沒有就這麼**幸福快樂**下去了呢?

沒有！

國家建立沒多久，
一齣集齊**宮鬥、仇殺、復仇**的狗血劇就上演了。

首先是老夏家第三代傳人，

雖然他身為**國君**，
但每天**不理**政事，就是喜歡出去**浪**。

《史記·夏本紀·集解》引孔安國曰：「太康盤於遊田，不恤民事。」

＊浪：放浪、放蕩的意思。

這樣的君主自然是導致國家**越來越混亂**。

《帝王世紀》：「自太康以來，夏政凌遲。」

於是這時**另一個**角色出現了。

他就是**后羿**喵。

神話中的后羿喵射下了九個──

《楚辭章句》：「堯時，十日並出，草木焦枯，堯命羿射十日，中其九日，日中九烏皆死，墮其羽翼，故留其一日也。」

但**歷史上**的后羿喵，
其實是**夏朝**時期的一個**部族首領**。

晉郭璞注《山海經》云：「有窮后羿慕羿射，故號此名也。」與傳說中的后羿，不是同一人。

看著太康喵**天天**出去浪，
后羿喵就帶兵把太康喵**給踹了**。

《史記·夏本紀》：「帝太康失國。」《左傳·襄公四年》：「后羿自鉏遷於窮石，因夏民以代夏政。」

順便立了太康喵的**弟弟**
上去當國王。

《左傳·夏本紀》：『太康崩，弟中康立，是為帝中康。』

【少康復國】

因為**手握重權**，

后羿喵想幹啥就幹啥，

想讓誰當國王**就讓誰**當國王。

終於，

他忍不住了。

后羿喵把夏家人踹了，

自己當了王。

這就是歷史上的**「后羿代夏」**。

《天問》：

「帝降夷羿，革孽夏民。」

《左傳．襄公四年》杜預注：

「禹孫太康淫放失國……仲康亦微弱……羿遂代相，號曰有窮。」

而**當了國王**後的后羿喵發現自己體內的

「play（玩）」之魂在熊熊燃燒。

他也天天出去浪！

《左傳·襄公四年》：『恃其射也，不修民事而淫於原獸。』

這時，本劇的**大BOSS**出現了！

這就是后羿喵的**臣子**寒浞喵。

《帝王世紀輯存》：『寒浞，伯明氏之讒子。伯明後以讒棄之，而羿以為己相。』

*BOSS：通常指遊戲、影視或文學作品中的最強反派。

這傢伙外表**人畜無害**，

《左傳．襄公四年》：「浞行媚於內而施賂於外，愚弄其民而虞羿於田，樹之詐慝以取其國家。」

實際上**心懷鬼胎**。

等到**時機一成熟**，后羿喵就**「領便當」**了。

《左傳．襄公四年》：「羿猶不悛，將歸自田，家眾殺而烹之。」

為了**鞏固自己的地位**，
寒浞喵認為夏家的**後代們**將來
一定是自己的**威脅**。

《左傳．襄公四年》：「使澆用師，滅斟灌及斟尋氏。」

於是**派殺手們**去「斬草除根」！

《左傳．哀公元年》：「昔有過澆殺斟灌以伐斟鄩，滅夏后相。」

【少康復国】

劇情發展到這裡，

你應該也**猜到**個七八成了。

是的，老夏家雖然**大部分**領了便當，

夏家便當組

但最終還是**逃出來**了一個人。

（是的，劇情就是這麼老套。）

這就是**王子**少康喵！

《左傳·哀公元年》：

「後婚方娠，逃出自竇，歸於有仍，生少康焉。」

少康喵從小**流落民間**，

可是他卻一直**謹記**自己是個王子。

他經常深思復國的方法。

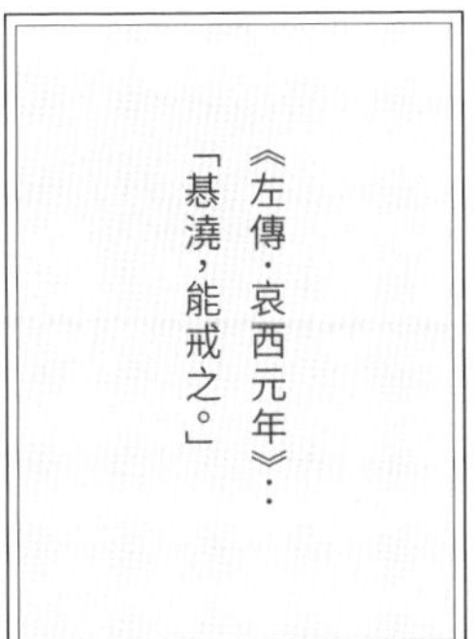

嗯，
但啥都**想不出來**……

復國方法沒找到，
他自己倒是被殺手們**找到了**。

在敵人的追殺下，
少康喵**藏到**了一個叫「有虞氏」的部落裡。

《左傳．哀公元年》：
「逃奔有虞。」
《史記．吳太伯世家》：
「有過又欲殺少康，少康奔有虞。」

「有虞氏」的首領，
曾經受過夏家的恩惠。

為了**感念夏家**的恩德，
而且也覺得少康喵**氣質非凡**，

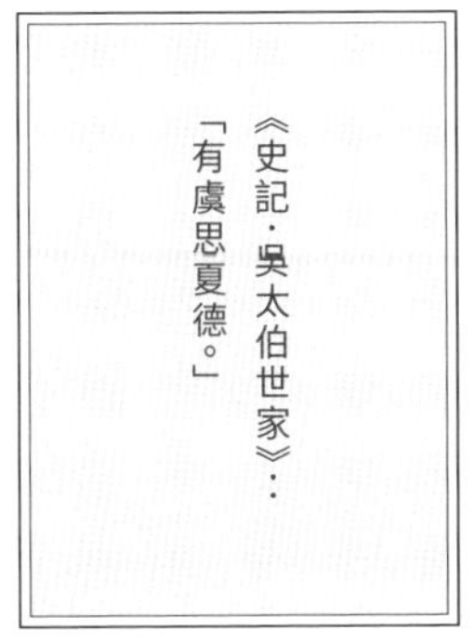
《史記．吳太伯世家》：
「有虞思夏德。」

不但把小弟和地盤打包**送給了他**，

《左傳·哀公元年》：「邑諸綸。有田一成，有眾一旅。」

甚至連女兒都**一塊嫁**給了少康喵。

《史記·吳太伯世家》：「於是妻之以二女而邑之於綸。」

少康喵一下突然**出任總裁**，

迎娶了白富美。

《左傳·哀公元年》：「能布其德，而兆其謀，以收夏眾，撫其官職。」

可要打大BOSS寒浞喵，
實力**還是不夠**呀！

＊戰鬥力只有五的渣滓

這時，突然**一支軍隊**出現了。

【少康復国】

原來是**夏朝**老臣多年來收集的遺族。

《竹書統箋》按：「杜預曰：『靡，夏遺臣事羿者。』」

（不行了，這劇本太狗血了。）

就這樣，少康喵率領著大軍**殺回了京城**。

《左傳·哀公元年》：「使女艾諜澆，使季杼誘豷，遂滅過、戈。」

寒浞喵也因為**不是「主角」**，

乖乖地**領了便當**。

國家**再一次**回到了老夏家。

《史記·吳太伯世家》：「復禹之績，祀夏配天，不失舊物。」

少康喵也成了**新的國王**，
這就是歷史上的「少康復國」。

今本《竹書紀年》：「於是夏眾滅浞，奉少康歸於夏邑。」

少康喵在位期間**勤於政治**，

今本《竹書紀年》：「三年，復田稷。後稷之後不窋失官，至是而復。十一年，使商侯冥治河。十八年，遷於原。」

經過努力，
夏朝恢複了往日的生機。

《後漢書．東夷列傳》：「自少康已後，世服王化，遂賓於王門，獻其樂舞。」賓，即賓見夏王，表示臣服。

從**「失國」**到**「復國」**，

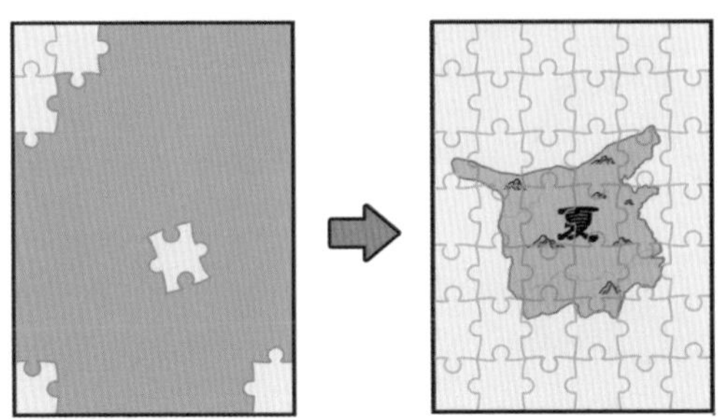

夏朝的這齣「狗血劇」經歷了**數十年**。

這暴露了王位世襲制的**缺點**——
往往只有**好的君主**在位，
民眾才會**過得太平**。

而**君主昏庸**，國家就會變得**動亂不安**。

《韓非子·說疑》：「亂主則不然，不知其臣之意行，而任之以國，故小之名卑地削，大之國亡身死。」

那麼夏朝究竟**何去何從**呢？

（且聽下回分解）

編者按

在先秦時期，東方的部落統稱「東夷」。東夷與中原的關係時而親密、時而敵對。與炎黃開戰的蚩尤、和堯一起治理部落聯盟的舜，都是來自東夷部落。

后羿和寒浞，也是東夷部落的首領。因此太康失國、少康復國，實際上是中原與東夷之爭的縮影。

少康復國後，國家越來越強大，許多東夷的部落都前來表示臣服。

後來，少康的後代又進一步加強了和東夷的交流，兩地文化的交融越來越深入，共同成為中華文明的重要源頭。

少康——水餃（飾）

太康——拉麵（飾）

寒浞——花卷（飾）

后羿——年糕（飾）

參考來源：《史記》《帝王世紀》《楚辭章句》《山海經》《左傳》《天問》《帝王世紀輯存》《竹書統箋》《竹書紀年》《後漢書》《韓非子》

【寒浞的追殺】

當年寒浞為了斬草除根，
曾派人追殺尚在腹中的少康。
少康的母親緡為了躲過搜捕，
曾經鑽牆洞逃生，
這才保住了少康的性命。

【遠古大殺器——弓箭】

弓箭是冷兵器時期的
遠端武器，
最原始的弓，
是將樹枝彎起來、
用繩索綁緊製作而成;
而最早的箭
則是一根削尖的木棍或竹竿。

【中國史上最早的女特工——女艾】

少康為了打敗寒浞，
曾派了一個叫「女艾」的
女特工去暗殺寒浞的兒子，
為最後的復仇鋪平道路。
這可能是中國歷史上
最早的女特工。

拉麵的角色介紹

拉麵，雙子座。

大吃貨，

但怎麼都吃不胖。

平時萬事好商量，

唯獨只有吃的東西能讓它炸毛。

【拉麵擬人】

最喜歡漢堡包，

還有睡覺。

運氣特別好，經常抽到獎。

拉麵的房間
Lamian's Room

第七回 ◉ 商湯滅夏

夏朝的建立，
確立了**「天下共主」**的局面。

也就是說，在這片土地上，
居於**中原**的夏朝是**老大**。

《史記·夏本紀》：
「禹於是遂即天子位，南面朝天下，國號曰夏后，姓姒氏。」

周邊的**小部落**，
就是大哥的**小弟**。

作為華夏歷史上的**第一個**王朝，
夏朝就這樣繁衍了**四百多年**。

而來到第**十七任君主**，

就是歷史上著名的暴君，
夏桀喵。

《史記·夏本紀》：
「帝發崩，子帝履癸立，
是為桀。」

桀喵其實是個**很厲害**的君主。

怎麼剽悍法？

所謂桀喵**有三寶**：

鬥得過**豺狼**！

跑得過**超跑**！

《史記·律書》：「夏桀……手搏豺狼，足追四馬。」

打得**方國**滿地倒！

《史記·律書》：「百戰克勝，諸侯懾服。」

方國：即夏商時期，分佈在中原王朝周圍的部落與國家。

這麼牛的喵，

自然也就非常**自大**。

他甚至把自己**比作太陽**。

《尚書正義》：
「桀曰：『日亡吾乃亡矣。』」

然而……
他這個太陽，
卻並**不受**喵民們**愛戴**。

《史記·殷本紀》：
「夏王率止眾力，率奪夏國。有眾率怠不和，曰『是日何時喪？予與女皆亡。』」
《呂氏春秋》：
「桀迷……不恤其眾。眾志不堪，上下相疾，民心積怨。」

「日」你個大頭鬼！
我們要跟你同歸於盡……
!!

原因？
很簡單！
這傢伙**很無道！**

首先，桀喵是個**很浪**的喵，

他愛喝酒，於是**挖**了個**酒池**，

天天開各種**派對**。

《通鑑外紀》：「（桀）罷民力，殫民財。為酒池糟堤，縱靡靡之樂，一鼓而牛飲者三千人。」

其次，他還**很好色**，

每天不理朝政，只顧著跟妃子們**「玩親親」**。

《列女傳》：「桀既棄禮義，淫於婦人。置妹喜於膝上，聽用其言，昏亂失道，驕奢自恣。」

《帝王世紀》：「妹喜好聞裂繒之聲而笑，桀為發繒裂之。」

無聊了還喜歡隨便**抓個喵**過來**當馬騎**。

山東嘉祥武梁祠拓片（東漢刻）載有執戟坐於女僕背上的夏桀王圖。

這樣的君主怎麼可能得到喵民們的**愛戴**呢？

而在此時，東邊有個**部落**慢慢**崛起**。

這就是**商**！

商這個部落**技能點**是**做生意**。

郭沫若《中國史稿》：「商人與其他部落之間的交換，也是比較活躍的。」

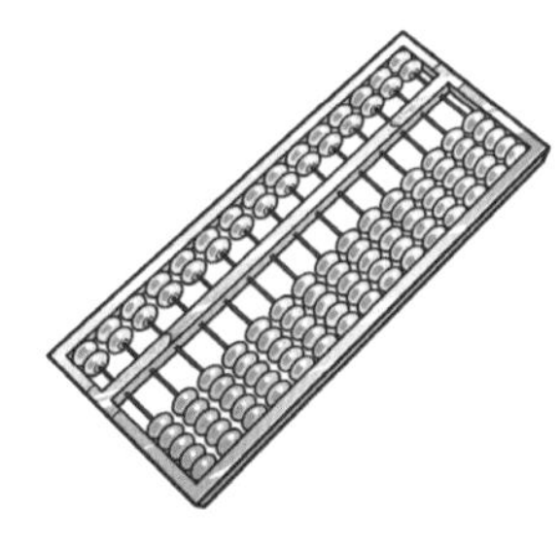

咱們現在說的**「商業」**，
正是**來源**於這裡。

The Shang Dynasty

商業

Business

人民教育出版社《普通高中課程標準實驗教科書．歷史必修三》：「商朝人以善於經商著稱，因此後世將從事商業活動的人稱為『商人』。」

商的首領湯喵，

勤政愛民，任用賢能。

《管子·輕重甲》：
「夷競而積粟，饑者食之，寒者衣之，不資者振之。」
中國社科院《商代史·卷2》：
「行仁義、定禮制、招賢才。」

在他的**帶領**下，
商變得越來越**強大**。

商的**崛起**讓夏感到**不安**，

於是乎桀喵**命手下**將湯喵**抓**了過去。

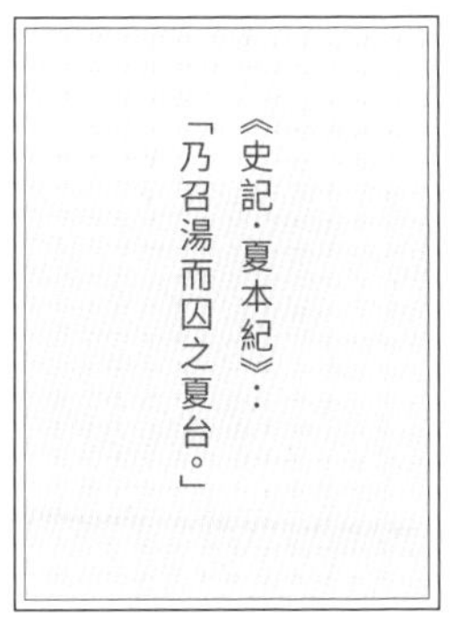
《史記·夏本紀》：
「乃召湯而囚之夏台。」

首領**被抓**，害得商的大臣們**亂成一團**。

為了讓湯喵能**被放**回來，

商臣們給桀喵又是**送錢**又是**送美女**。

《太公金匱》：「桀怒湯……湯乃行賂。」

《管子·輕重甲》：「女華者，桀之所愛也，湯事之以千金；曲逆者，桀之所善也，湯事之以千金。」

而湯喵為了**自保**，也各種裝孫子。

《百家講壇・國史通鑒》：「商湯自己對夏桀表態，檢討自己。」

在一波又一波**示弱**之下，
桀喵**心一軟**就把湯喵給**放了**。

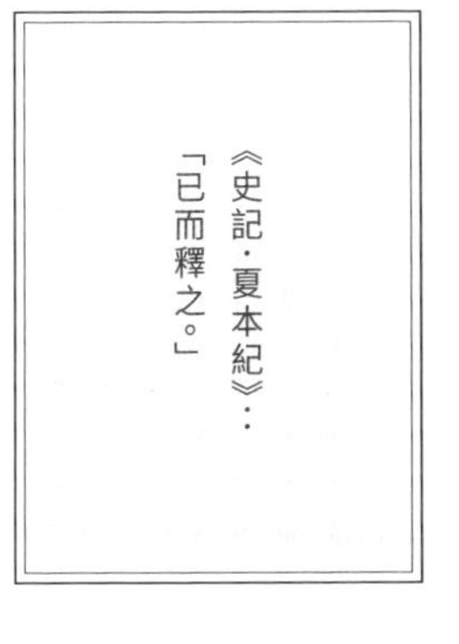
《史記・夏本紀》：「已而釋之。」

這一放就不得了了！

湯喵回家之後**決心造反**。

為了**積蓄**實力，

他**加緊**了部落的發展。

種田的努力去**種田**，

做生意的努力去**做生意**，

啥都不會的呢？

《百家講壇．國史通鑒》：「湯回到商後，從兩個方面加緊了發展步伐：一是發展……包括人口的繁殖。在古代社會，人多的就是老大。」

就這樣，經過幾年的發展，

商變得**兵強馬壯**。

其他**部落**紛紛慕名前來**抱大腿**。

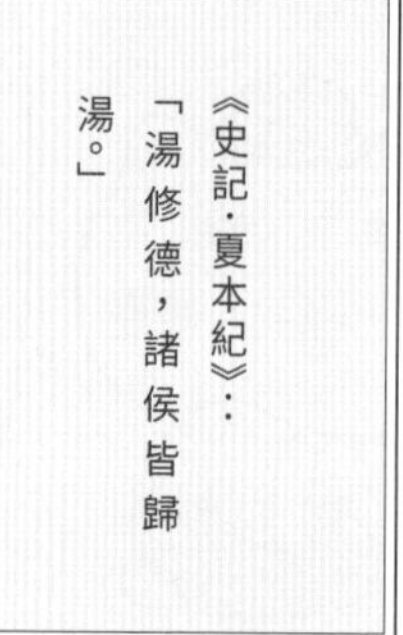
《史記·夏本紀》：「湯修德，諸侯皆歸湯。」

隨著時機的成熟，

湯喵開始**率軍攻打**夏朝。

《史記·夏本紀》：「湯遂率兵以伐夏桀。」

桀喵的**無道**，

讓喵民們都想夏朝**倒閉**。

《史記·殷本紀》：「夏王率止眾力，率奪夏國。有眾率怠不和，曰『是日何時喪？予與女皆亡。』」

於是當湯喵**攻打東邊**的時候，

西邊的喵就**抱怨**：

當湯喵**打南邊**的時候，

北邊的喵又開始**不滿**。

《孟子》：「東面而征，西夷怨，南面而征，北狄怨，曰：奚為後我？」

在喵民們的呼聲中，
湯喵**一路凱歌**。

《孟子》：
「湯始征，自葛載，十一征而無敵於天下。」

很快就跟桀喵在**鳴條**正面槓上了。

這時的桀喵已經眾叛親離，
沒兩下……就被打趴了。

《史記·夏本紀》：
「湯遂率兵以伐夏桀。桀走鳴條，遂放而死。」
《史記·殷本紀》：
「桀敗於有娀之虛，桀奔於鳴條，夏師敗績。」

桀喵的**戰敗**，

也意味著夏朝徹底的**覆滅**。

湯喵在大家的擁護下，建立了**新的王朝**。

這就是歷史上的**第二個**王朝**「商」**。

《史記·夏本紀》：「湯乃踐天子位，代夏朝天下。」

從個體的角度來說，

夏朝的桀喵，

並**不是**一個「笨蛋」君主。

《史記·律書》：「夏桀……足追四馬，勇非微也；百戰克勝，諸侯懾服，權非輕也。」

但作為**君主**他卻忽略了，
喵民才是國家的**根本**。

《荀子·王制》：「傳曰：『君者，舟也；庶人者，水也。水則載舟，水則覆舟。』」

當年他的先祖**大禹**喵，
正是在洪水中拯救了喵民，
才**被擁立為王**的。

水能**載舟**，亦能**覆舟**。
當他為了**私欲**而**欺壓**平民的時候。

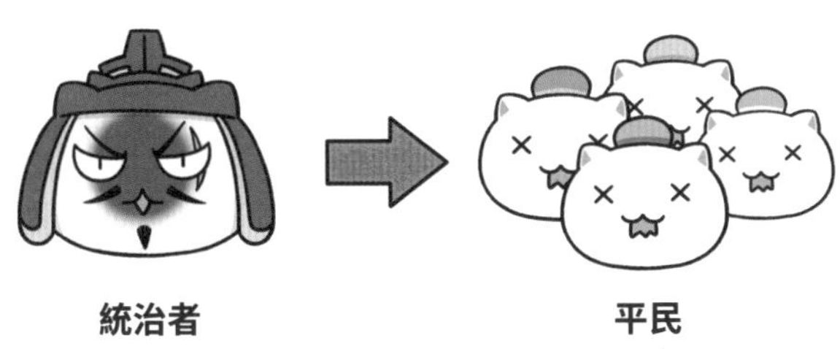

夏朝也就**到頭了**。

中國社科院《商代史·卷2》：「夏桀倒行逆施，導致夏王朝統治集團的分裂……而且勞民傷財，加劇了夏王朝與民眾之間的矛盾，各種矛盾的聚合，加速了夏王朝的滅亡。」

那麼，
新上台的湯喵又會怎樣呢?

（且聽下回分解）

編者按

根據現代學者的研究，夏朝是一個邦國聯合體。在夏王朝的周圍，分佈著眾多大小部落，其中有一些部落已經發展出了國家的形態和規模，可以稱之為「邦國」。這些邦國和部落向強大的夏表示臣服，而夏就是「眾邦之首」。商湯滅夏的時候，商實際上已經是一個「邦國」了。古人常把國家的統治說成是天命的意志。商湯討伐夏桀的時候，曾宣告：「夏氏有罪。予畏上帝，不敢不正。」意思是，夏桀的罪行觸怒了上帝，所以自己是聽從天命來討伐他的。後世把商湯伐夏稱為「商湯革命」，意思是天命變革導致改朝換代。這和現在所說的革命完全是兩回事。

湯——麻花（飾）

桀——煎餅（飾）

參考來源：《史記》《尚書正義》《呂氏春秋》《通鑑外紀》《列女傳》《帝王世紀》《管子》《太公金匱》《百家講壇．國史通鑑》《孟子》《荀子》、郭沫若《中國史稿》、人民教育出版社《普通高中課程標準實驗教科書．歷史必修三》、中國社科院《商代史》

【妹喜】

妹喜是桀最寵愛的妃子。
傳說她非常美麗，
喜歡穿男裝、
佩劍戴冠。
桀每天與她縱情享樂、
不理朝政。

【天降玄鳥——崇拜燕子的商族】

《詩經》有言：
「天命玄鳥，降而生商」，
有人據此推斷商族早期的
部落圖騰可能是燕子。
根據考古學家的發現，
商族建國後，確實非常崇敬鳥類。

【商族的始祖—— 有車一族】

傳說牛車最早是商族的祖先發明的。
他們乘著牛車拉貨到
其他部落去交換，
便形成了中國早期的商業活動。
後世則尊商祖先為商業始祖，
稱之為「商祖」。

百群喵檔案

麻花的角色介紹

麻花，摩羯座。

性格乖巧。

念書很努力，

但成績總是一般般。

生活中很倒楣。

看到煽情的情節更是收不住眼淚，

會給劇組所有人領快遞。

【麻花擬人】

喜歡逛超市，

最喜歡吃的食物是泡麵。

目標是成為一名優秀的演員。

麻花的房間
Mahua's Room

第八回◉伊尹輔政

商是華夏歷史上**第二個**王朝，

徐建新《世界歷史（第9冊）：古代國家的起源和早期發展》：「商湯奪取了夏王朝的中央政權，建立了中國古代歷史上的第二個王朝——商王朝。」

在商的**發展**上，有**兩個人**功不可沒。

一個是商的**開國之君**湯喵。

【第八回】

而另一個則是在湯喵**背後的男喵**。

一代**名相**伊尹喵。

傳說伊尹喵是**廚師**的兒子，

《呂氏春秋‧本味篇》：「有侁氏女子採桑，得嬰兒于空桑之中，獻之其君。其君令烰人養之。」這裡指的是養子。

雖然身份**低下**，但**志向**卻**很大**。

在他的**心目**中，

當時商部落的**湯喵**就是他最崇拜的**英雄**。

《尚書大傳》：「是以伊尹遂去夏適湯。」

那時正值**夏**朝**民怨四起**。

為了**接近**湯喵，伊尹喵跑到湯喵的**未婚妻**家**當奴隸**。

於是等到湯喵**娶親**的時候，
他就被當做**「嫁妝」**嫁進了湯家。

《史記·殷本紀》：『伊尹名阿衡。阿衡欲奸(見)湯而無由，乃為有莘氏媵臣。』(媵臣，即陪嫁奴隸。)

可作為一件「嫁妝」，怎樣才能見到**湯喵**呢?

俗話說，要拴住一個**男人的心**必先**拴住**他的**胃**！

伊尹可是**廚師**的孩子。

他的**廚藝**很快就**俘獲**了湯喵。

【第八回】

沒過多久，伊尹喵終於以**「廚娘」**的身份**見到了**湯喵。

他們談星星談月亮，
從**美食**一直聊到**天下大事**。

《史記·殷本紀》：
「負鼎俎，以滋味說湯，致于王道。」
《呂氏春秋》：
「設朝而見之……說湯以至味。」

他們很快就**互相加了好友**。

伊尹喵從此**成了**湯喵的**心腹**。

他平時幫湯喵**打理部落**，

《墨子·尚賢中》：
「與接天下之政，治天下之民。」
《史記·殷本紀》：
「湯舉任以國政。」

打仗時，就為湯喵**出生入死**。

《史記·殷本紀》：
「湯乃興師率諸侯，伊尹從湯。」
《尚書·湯誓序》：
「伊尹相湯伐桀。」

【第八回】

一個**吃貨**就這樣，在一個**廚子**的幫助下**推翻了夏朝**。

《史記·殷本紀》：「伊尹報。於是諸侯畢服，湯乃踐天子位，平定海內。」

而作為商的**開國**功臣，
伊尹喵成為了**商**朝歷史上**第一個「相」**。
（也就是國家的二當家。）

《墨子·尚賢中》：「湯得之，舉以為相。」
人民教育出版社《普通高中課程標準實驗教科書·歷史必修一》：「伊尹是開國功臣……伊尹繼續為相。」

繼續為商朝**鞠躬盡瘁**。

【伊尹輔政】

伊尹喵不僅功能**強大**，還**超長待機**。

在他任「相」期間，**輔佐**了**五代**商王。

湯喵建立商朝沒多久，

「**掛了**」。

《帝王世紀》：「湯……為天子十三年，壽百歲而崩。」

湯喵的**太子**還沒**登基**，

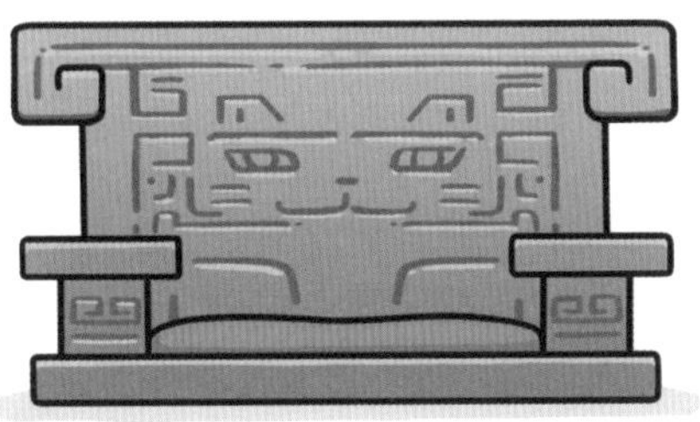

「**掛了**」。

《史記·殷本紀》：「太子太丁未立而卒。」

湯喵的**二兒子**登基三年，

「掛了」。

《史記·殷本紀》：
『帝外丙即位三年，
崩。』

湯喵的**三兒子**登基四年，

「掛了」。

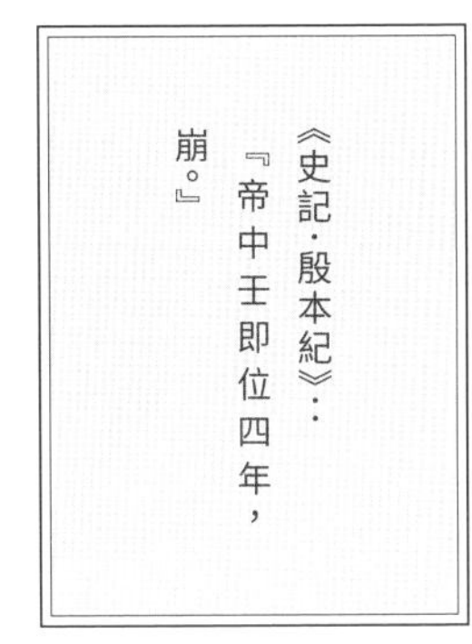
《史記·殷本紀》：『帝中壬即位四年，崩。』

三代商王**「掛了」**，伊尹喵還**依然堅挺**。

身為**三朝元老**的他可以說**威望極高**。

甚至到湯喵的**孫子即位**時都對他**忌憚三分**。

比如說他有一次幹了壞事，

《孟子·萬章》：
「太甲顛覆湯之典刑。」
《史記·殷本紀》：
「帝太甲既立三年，不明，暴虐，不遵湯法。」

就直接**被**伊尹喵**趕去**為湯喵**守墓**。

《史記·殷本紀》：
「伊尹放之於桐宮。」
《日知錄卷十八》：
「書傳亦言桐宮湯墓。」

我真的好想問……

（伊尹喵是不是拿成了湯喵老婆的劇本……）

湯喵的孫子在陵墓裡**「關了」**三年才被放回來。

《史記·殷本紀》：
「帝太甲居桐宮三年，悔過自責，反善，於是伊尹乃迎帝太甲而授之政。」

終於**改掉**了身上的**壞習慣**，最後成了**一代明君**。

《史記·殷本紀》：「帝太甲修德……伊尹嘉之，乃作太甲訓三篇，褒帝太甲。」「侯咸歸殷，百姓以寧。」

然後**「掛了」**。

《史記·殷本紀》：「太宗崩。」

還是**熬不過**長壽的**伊尹**喵啊……

據說他一直到**一百歲**才光榮咽氣，
被後世尊稱為**一代賢相**。

《商丘縣誌》記載：
「伊尹百歲歿。」
《呂氏春秋》：
「祖伊尹世世享商。」
《孟子・萬章下》：
「伊尹，聖之任者也。」

作為五朝元老，
伊尹喵**一直維護**著**商朝**的**穩定**。

《史記・殷本紀》：
「帝沃丁之時，伊尹卒。」即伊尹到湯的曾孫當王的時候才去世的。

實際上，
這正是**「相」**的**意義所在**。

如果一個國家皆由
君主說了算。

那只要君主**不可靠**，國家就**完蛋**了。

「相」的角色，
正是在**輔助君主**的同時**制約君主**的權力，
為國家的穩定上一個**雙保險**。

李現曾《我國古代宰相輔政制度述論》：「皇權、相權處於配合、鬥爭的二重矛盾之中，相輔而成，相克而制。」

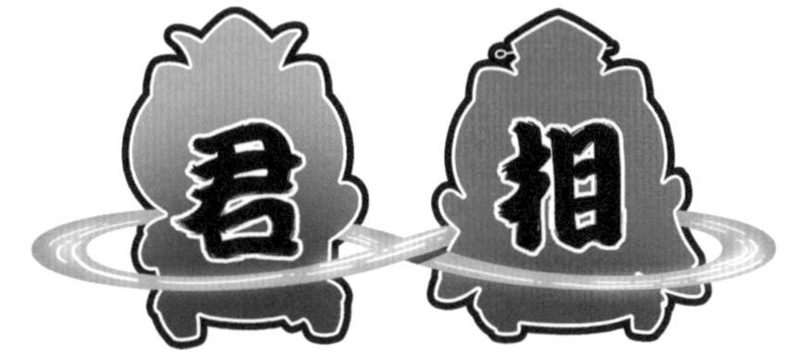

那麼商朝的後代君主，
有沒有好好地發展呢？

（且聽下回分解）

編者按

關於湯的葬處，說法很多。《漢書》說「無葬處」，但後人又有葬在濟陰、在薄城、在商丘等多種說法，此處不作探究。《日知錄》說桐宮是湯的葬處，《尚書》則說伊尹放太甲於桐宮可以處在悲傷的環境中（居憂）、接受先王的教導（密邇先王其訓）。因此說伊尹放太甲為湯守墓，是有依據的。關於伊尹的出身，《史記》中提出兩種說法，一種是伊尹為了見湯而成為湯未婚妻的陪嫁家奴，還有一種是說伊尹是個不肯做官的隱士，湯多次聘請才得到他的追隨。此外，其他史料中還有「伊尹是湯未婚妻的家庭老師」等說法。本篇採取《史記》的第一種說法，以其他史料作為輔助，並採用江西師範大學方志遠教授對於這段歷史的理解。

湯——麻花（飾）

伊尹——年糕（飾）

參考來源：《史記》《呂氏春秋》《尚書大傳》《墨子》《帝王世紀》《孟子》《商丘縣誌》、徐建新《世界歷史（第 9 冊）：古代國家的起源和早期發展》、人民教育出版社《普通高中課程標準實驗教科書·歷史必修一》、李現曾《我國古代宰相輔政制度述論》

【太甲的名言】

被伊尹發配去守墓的
商王名叫太甲，他回國後，
曾反省道:「天作孽，
猶可違；自作孽，不可逭。」
用現在的話說就是「不作死，
就不會死……」

＊ No zuo no die: 不作不死。

【「中華廚祖」伊尹】

據《呂氏春秋》記載，
伊尹有一套自己的烹飪理論，
包括對火候的掌握和調料的使用等，
至今仍是中原菜系的重要特徵。
伊尹也因此被尊為「中華廚祖」。

【伊尹的出生】

傳說伊尹的媽媽懷孕後，
身體變成了一棵中空的桑樹。
而樹洞裡有一個嬰兒，
這就是伊尹……

喵群喵檔案

年糕的角色介紹

年糕，處女座。

懂各種知識，

但熱衷於八卦。

腹黑屬性。

筆和小本本永遠不離身，

總是知道著別人的小秘密。

喵博粉絲破百萬的大V，

＊大V：在網路上活躍又有眾多粉絲的社群帳號。

【年糕擬人】

經常會幫朋友們複習功課。

還喜歡吃香蕉……

年糕的房間
Niangao's Room

第九回 ◉ 武丁中興

在**商朝**的歷史上有過**31任**商王！

那麼，其中**最厲害**的是誰呢？

不可否認，

建立商朝的湯喵應該是**最厲害**的那個。

《孟子》：
「湯始征，自葛載，十一征而無敵於天下。」
《史記·夏本紀》：
「湯乃踐天子位，代夏朝天下。」

但是！

除了**開國**之君湯喵外，

還有一任商王把商這個王朝**發展**到**巔峰**。

他就是商的**第22任**國王——**武丁喵**！

注：一說為第23任。
翦伯贊《中國史綱要》：「武丁統治的五十幾年間，可說是商朝最強盛的時期。」

跟其他**錦衣玉食**的國王們不同，

武丁喵**從小**就被扔到**民間**。

《尚書・周書・無逸》：「其在高宗，時舊勞於外，爰暨小人。」

這讓武丁喵跟其他**歷任**商王比起來……

都**更懂**平民的**疾苦**！

《尚書正讀》馬融注釋：「武丁為太子時，其父小乙使行役，有所勞苦於外，與小人從事，知小人艱難勞苦也。」

那麼……

武丁喵**厲害**的地方就是**體恤百姓**嗎？

當然不是……

（別誤會……）

他**厲害**的地方在於**「奇葩的用人方式」**。

武丁喵**即位**的時候，
商朝的**國力**已經變得**衰弱**。

《史記·殷本紀》：「殷復衰。」
《史記·殷本紀》：「帝武丁即位，思復興殷。」

內有**憂患**而外有**戰亂**。

這個時候，

武丁喵做了啥呢？

他不說話……

？？？

（你真的沒聽錯。）

他**登基**後**三年**的時間裡，
硬是一句**政令**都**沒發過**。

《史記·殷本紀》：「三年不言，政事決定於塚宰，以觀國風。」

這讓大臣們**很著急**啊!

（還當不當家了！）

《國語．楚語》：「昔殷武丁……卿士患之，曰：『王言以出令也，若不言，是無所稟令也。』」

眼看大臣們**快崩潰**的時候，

武丁喵**才表示**：

《尚書．商書》：「群臣咸諫於王曰：『嗚呼……王言惟作命，不言臣下罔攸稟令。』」

他睡覺時**夢見**上天會派一位**聖賢**來**輔佐**他。

《尚書．商書》：「恭默思道，夢帝賚予良弼，其代予言。」《史記．殷本紀》：「武丁夜夢得聖人，名曰說。」

【武丁中興】

「這是他的頭像，
你們去給我把他找來吧。」

《尚書·商書》：「乃審厥象，俾以形旁求於天下。」

雖然大臣們**一臉茫然**，
但也**只好**到處**去找**了。

《史記·殷本紀》：「百工營求之野。」

這一找，
還真**找到**一個跟頭像**一模一樣**的……**奴隸！**

《尚書·商書》：「說築傅岩之野，惟肖。」
《史記·殷本紀》：「得說於傅險中。是時說為胥靡，築于傅險。」
（胥靡，古代服勞役的奴隸或刑徒。）

而且這奴隸還**滿腹經綸，韜略滿滿**。

（太魔幻了……）

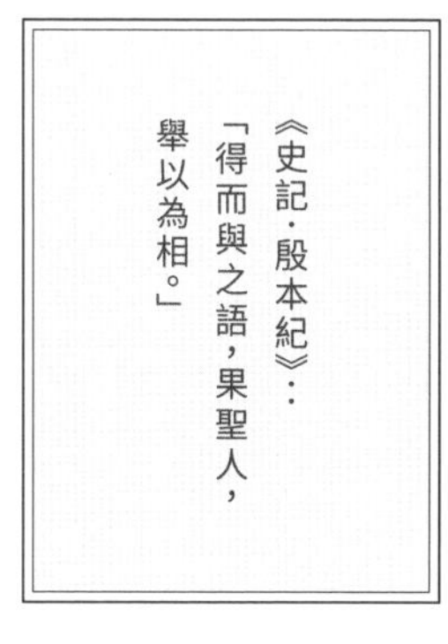
《史記·殷本紀》：
「得而與之語，果聖人，
舉以為相。」

果然，一做了宰相後就**輔助MAX**（最大值）。

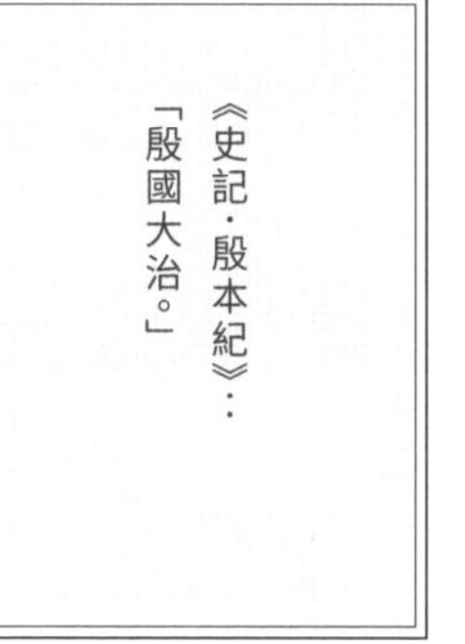
《史記·殷本紀》：
「殷國大治。」

＊電玩LOL用語。

這究竟怎麼回事？

（大家懵了。）

這難道真是**上天的旨意**嗎？

當然不是！

（手段你懂嗎?）

這其實是武丁喵在**民間**時**認識**的奴隸。

（覺得他很有才。）

彭邦炯《試論商王武丁》：「傳說出身於奴隸，有可能是武丁『久勞於外』之時，早就結識了一位淪為奴隸而有韜略的人。」

在那個年代，如果不**使點手段**是

沒辦法以**奴隸**身份**逆襲**的。

所以！
為了讓大家**忽略**他的**奴隸身份**，
武丁喵才下了這麼大**一盤棋！**
（懵了吧!）

《通鑒外紀》：
「傅說賢而隱於胥靡，一旦舉而用之，出身微賤，眾必駭怪，故托於夢寐。」

是不是覺得他很強?
但是還有更強的！
畢竟讓**奴隸**當**宰相**其實也**沒啥**。

因為，他還是個讓自己**老婆當將軍**的男人!

武丁喵在位期間，**打了不少仗**。

他**老婆**就是**商朝大將軍**。

中國社科院《商代史》：「甲骨文記載，婦好曾參與過對羌方、土方、巴方、夷方的戰爭。」

一有**小國**出來**跳腳**……

武丁喵就**「放老婆」**！

中國中央電視台文歷史叢書《王朝的秘密》：「婦好……不但是位王后，也是一位手持通鉞的女將軍。」

編者：在出土的甲骨文中，多次記錄了婦好領兵打仗的故事，其中包括甲骨文中最大的一場戰爭，動用了上萬人的軍隊。

老婆不僅**能征善戰**，

還是華夏歷史上**第一個**打伏擊戰的將領。

李伯欽、李肇翔《中國通史》：

「戰前，婦好和武丁議定計謀，婦好在敵人西面埋伏軍隊，武丁則帶領精銳部隊在東面對敵軍發起突然襲擊……這大概也是中國最早有文字記載的『伏擊戰』了。」

武丁喵做商王時期，

光是被**揍過**的**小國**就多達**81個**。

王宇信、楊升南的《甲骨學一百年》總結，武丁時期征伐的方國有81個。

問你服不服……

（給大佬遞茶。）

內政有**好友**，外伐有**老婆**。

商朝不但更加穩固，**領土**還**不斷擴大**。

武丁喵在位59年**開創**了商的**盛世**。

《史記·殷本紀》：
「武丁修政行德，天下咸驩，殷道復興。」
《詩經·商頌·殷武》：
「商邑翼翼，四方之極。赫赫厥聲，濯濯厥靈。」
朱熹注解：「言高宗（即武丁）中興之盛如此。」

一個**奴隸宰相**，
一個**女喵大將**，
這放在其他朝代都是**難以想象**的。

但也正因為他**唯才是舉**的做法，
才讓衰頹的商朝煥發**新的生機**。

《大戴禮記．少閒》：「開先祖之府，取其明法，以為君臣上下之節，殷民更眩，近者悅，遠者至，粒食之民，昭然明視。」

可是……
能這樣做的君主**可不是**歷代都有……
商的**末代**君主又是怎樣的呢?

（且聽下回分解）

編者按

武丁時期，商朝征伐了許多「方國」。方國，即是商朝周邊的部落或國家，在甲骨文中稱為「某方」，如「人方」、「土方」等。多數方國規模較小，僅僅是一些原始的氏族部落，但還有少數方國規模較大，已經具備了完善的國家機構。

晚商時期的貴族女性地位較高，可以參與政治、經濟、軍事、宗教等各方面的活動，這一群體被稱為「諸婦」。

而在商朝歷史上，武丁時期的「諸婦」是最多、最活躍的。

武丁——拉麵（飾）

傅說——花卷（飾）

婦好——饅頭（飾）

參考來源：《孟子》《史記》《尚書》《尚書正讀》《國語》《通鑒外紀》《詩經》《大戴禮記》、翦伯贊《中國史綱要》、彭邦炯《試論商王武丁》、中國社科院《商代史》、中國中央電視台人文歷史叢書《王朝的秘密》、李伯欽和李肇翔《中國通史》、王宇信和楊升南《甲骨學一百年》

【全能的好老婆——婦好】

根據甲骨文的記錄，
武丁的老婆婦好不但擅長打仗，
還擁有自己的臣民和封地，
定期還要向武丁納貢。

【「司母戊鼎」和「后母戊鼎」】

武丁還有一個叫婦姘(ㄐㄥˇ)的老婆，
有名的司母戊鼎就是為她而鑄的。
但現在有學者認為，
商代字體不分正反，
「司」其實是「后」。
所以，國家博物館已經將其改名為
「后母戊鼎」。

【馴服大象的商朝】

目前出土的青銅器、甲骨文、獸骨都說明
商朝的周邊區域曾有大象活動，
更有古籍記載商朝人曾馴服大象進行作戰。
有學者認為，
商朝時中原地區的氣溫比現在高，
所以適合大象生存。

一群喵檔案

饅頭的角色介紹

饅頭，天蠍座。

外表可愛，

但實際是個怪力女漢子。

性格爽朗 MAX（最大值），

食量也 MAX（最大值），

最喜歡烤肉加啤酒，

超討厭吃藥，

是個 KTV 麥霸，

【饅頭擬人】

但唱歌走音……

喜歡收集可愛的小裙子。

饅頭的房間
Mantou's Room

第十回◉末代商王

西元**前**1046年，

商這部系列「大劇」終於**落下帷幕**。

人民教育出版社《普通高中課程標準實驗教科書·歷史必修一》：「西元前一〇四六年，周武王伐紂滅商，建立周朝。」

末代商王**荒淫**無道，**殘暴**不仁。

最終在**討伐**之下王朝**覆滅**。

那麼，

商朝究竟做了啥，
導致「倒閉」呢？

這就要講到**末代**商王**紂王**喵了。

《史記·殷本紀》：「帝乙崩，子辛立，是為帝辛，天下謂之紂。」

我們來**訪問**下他。

商王朝總共由**三根**「支柱」支撐。

分別是**「祭司」、「王」與「貴族」**。

中國社科院《商代史·卷4》：
「商朝的『王』是最高統治者。」
《禮記·表記》：
「殷人尊神，率民以事神，先鬼而後禮。」
白壽彝《中國通史》：
「社會財富也愈來愈集中于少數貴族手中。」

商王雖然是**老大**，

但還要**顧及**另外**兩派人**的意見。

商是一個很**迷信**的王朝，

《禮記·表記》：「殷人尊神，率民以事神，先鬼而後禮。」王和《中國早期國家史話》：「現已發現的向神靈占卜所用的殷墟甲骨已經超過15萬片，就是殷人神權崇拜的真實記錄。」

一天到晚都要**占卜**。

人民教育出版社《普通高中課程標準實驗教科書・歷史必修一》：「商朝人崇信鬼神，每每遇事都要占卜。」

吃飯占卜，

甲骨文有「貞乎婦井以燕（同『宴』）」（《合集》8992）等。

打獵占卜，

甲骨文卜辭：「戊辰卜，在羌貞：王田（即田獵），衣逐亡災？」（《合集》37564）等，占卜國王狩獵過程是否會受到災禍。

連**牙痛**也要占卜。

甲骨文卜辭：「婦好弗疾齒。」（《甲骨文合集》773甲）等。

所以**「祭司」**一旦發話，

「王」也**沒辦法**。

《吳澤文集》：「殷代帝王貴族，就此被僧侶所左右所支配。僧侶貴族成為政治的實際支配者了。」

而在商朝能不能**當官**，

需要**看出身**。

很多重要的官職就被**貴族**們包辦了。

中國社科院《商代史·卷11》：「重要職位基本固定於某些大族……由於世官世族制度的存在，商王在用人的支配權上還受到很大限制。」

三根「支柱」只要有**兩根反對**，

國王就**搞不定**了……

《尚書·洪範》：「卿士從，龜從，筮從，汝則逆，庶民逆，吉。」說明只要卿士和神職人員贊同了，就算國王反對，也是「吉」，可以施行。

這種情況一直到一個**強硬**的**商王**出現。

（發生了改變。）

（俺）**文**能戰眾人，

《史記·殷本紀》：「帝紂資辨捷疾，聞見甚敏……知足以距諫，言足以飾非。」

武能拖**九頭牛**奔跑。

《帝王世紀》：「紂倒曳九牛，撫梁易柱。」
《史記·殷本紀》：「材力過人，手格猛獸。」

在位期間還**提拔**出身卑微的**喵**，

中國社科院《商代史·卷11》：「商代末年的確出現了重用小臣集團的現象……大多數是地位較低的人。」
《尚書·牧誓》：「惟四方之多罪逋逃……是以為大夫卿士。」

【末代商王】

架空貴族，

（沒官做了。）

《尚書·微子》：「吾家耄遜於荒」、「咈其耇長，舊有位人」。中國社科院《商代史·卷11》：「紂對舊貴族採取疏遠的態度。」

學習**占卜**，

排擠**「祭司」**，

（沒卜占了。）

《吳澤文集》提到甲骨文卜辭記載：「直到第五期帝乙、帝辛時，王親貞並且親卜，卜、貞全由帝王一人主持……故古書說帝辛慢侮鬼神。」

終於**大權獨攬**。

中國社科院《商代史·卷9》引用甲骨文卜辭以及周代的青銅器銘文，提到當時東部的若干方國侵擾商的領土，引發了戰爭。

周圍那些**不知好歹**的小國
也一個個被**揍**個半死。

（當然……錢沒少花……）

《左傳》：「紂克東夷而殞其身。」
中國社科院《商代史‧卷11》：「帝辛最終征服了東方地區，但也耗費了大量資源。」

眼看著一切盡在掌握中……可這時，「貴族」和「祭司」開始吃裡扒外，勾結了西邊的周國。

《呂氏春秋》：「殷內史向摯……出亡之周。」
中國社科院《商代史‧卷11》：「商人舊貴族反對商紂王的另一個舉措是聯周人，希望用周人的力量推翻紂王的統治。」

就這樣，**商**朝被打了個**底朝天**……

（哼唧！）

咦？可聽說你
是暴君耶！
CAT TV

……
CAT TV

我的罪有六條。

分別是

> 顧頡剛《紂惡七十事的發生次第》表明，排除偽古文，關於紂王最早的罪名只有六項：酗酒、不用貴戚舊臣、登用小人（主要是身份低微的人）、聽信婦言、信有命在天（相信天命屬意自己）、不留心祭祀。

我在位的時候還會實行**人祭**。

（也是商歷代的習俗。）

當然，我們歷代商王人祭**數量**比我還多。

唐際根《殷墟：一個王朝的背影》：
「帝乙、帝辛時……用人牲最多為30名。」
中國社科院《商代史・卷8》：
「到了商代末期的帝乙、帝辛之世……而用人牲的情況也很是少見。」

但回過頭來看，紂王喵的種種「罪行」，
目的只是為了**集中王權**。

在**華夏**的政治史上，**王權**是永恆的**主題**。

《高中課程標準實驗教科書·歷史必修一》：「中央集權制度作為古代中國政治制度的突出特色，對中國歷史產生了深遠影響。」

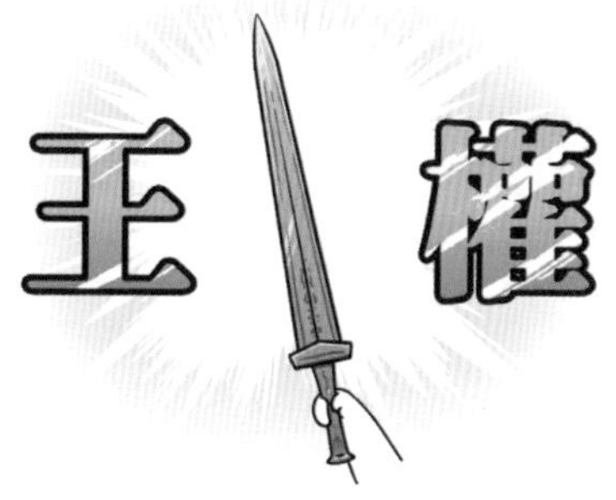

對於**能幹**的君王來說，
王權的集中可以讓國家的運轉**更有效率**。

【第十回】

但君王的**專橫**與**自私**，
也容易引起**內部**勢力的**反抗**和國家**動蕩**。

那麼，作為擊敗紂喵的**強敵**，
「周」的故事又是怎樣的呢?

（且聽下回分解）

紂王的名字是「受」或「受德」，又稱「帝辛」。「帝辛」是他的廟號，即君主在廟中被供奉時所稱呼的名號。「紂」則是周武王為他起的謚號，即在君主去世後，根據其生前功過和品行另起的稱號。這是一個惡謚，意思是「殘義損善」。在商朝，神權和王權、君王與貴族的鬥爭是一個長期的進程。從甲骨文來看，到了紂王的父親時，神權已經衰落、舊貴族階層開始受到疏遠。而針對東夷的征伐，也是紂王父子共同的事業。只是到了紂王的時候，推行政策的方式更加強硬，幾種矛盾加劇，導致商朝的滅亡。根據中國社科院的《商代史》推測，商朝的舊貴族聯合周的本意可能只是想趕紂王下臺、另立新王，而不是推翻商朝。但周武王伐紂之後，乘勢祭天，宣告自己天下共主的地位。而這時商人舊貴族已經無力阻止。

紂王——煎餅（飾）

參考來源：《史記》《禮記》《甲骨文合集》《尚書》《帝王世紀》《左傳》《呂氏春秋》、人民教育出版社《普通高中課程標準實驗教科書·歷史必修一》、中國社科院《商代史》、白壽彝《中國通史》、王和《中國早期國家史話》、吳澤《吳澤文集》、顧頡剛《紂惡七十事的發生次第》、唐際根《殷墟：一個王朝的背影》

【喜歡拜神的商朝人民】

商朝人民非常迷信，
幾乎每天都要祭祀神靈和祖先，
期望通過這種「賄賂」的方式得到他們的保佑。

【不給拜拜】

紂改革祭祀制度後，
很多「外姓」貴族和低等貴族的祖先從此不再享有國家祭祀。
紂因此得罪了不少貴族。

【祖先們的錢——貝殼】

商朝時貝殼比較稀少，
所以被當成貨幣，也就是「錢」。
它可以用來買東西，
也常常被國王用來賞賜給臣子。
「寶貝」一詞中的「貝」字就來源於此。

百群喵檔案

煎餅的角色介紹

煎餅，雙魚座。

面相兇狠，
反派角色專業戶。

但其實內心是個「小公主」，

劇組最強的少女擔當。

喜歡吃馬卡龍，

愛讀少女漫畫，

【煎餅擬人】

因為外貌，走到哪都
有人給他讓位子。

最討厭就是流汗。

煎餅的房間

Jianbing's Room

第十一回◉西周滅商

歷史如同一齣戲，**你方唱罷我上台**。

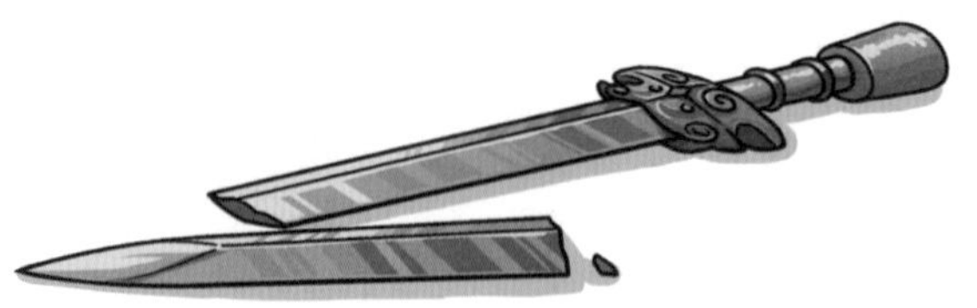

取**商**而**代之**的便是**華夏**歷史上的**第三**個王朝——**周**。

據《史記》記載，
周取代商朝主要**經歷**了**四代**領導人。

中國社科院《商代史·卷11》：「周人在滅商以前已經是經過百餘年，四代王的經營。」

周是一個**古老**的部落。

在**堯舜**時期就是**管理農事**的

周喵們每天除了**種地**，

《史記·周本紀》：「帝堯聞之，舉棄為農師，天下得其利，有功。帝舜曰：『棄，黎民始饑，爾後稷播時百穀。』……後稷之興，在陶唐、虞、夏之際，皆有令德。」

就是**被**周圍的蠻族**欺負**……

《史記·周本紀》：「薰育戎狄攻之，欲得財物，予之。已複攻，欲得地與民。」

為此，**初代目**周首領**號召**全族喵民……

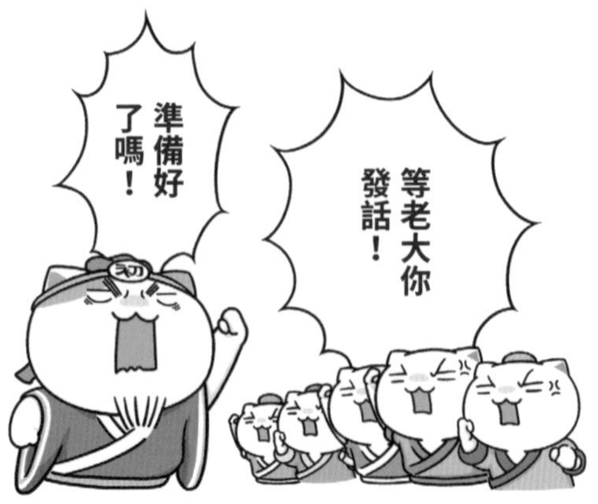

《史記·周本紀》：「古公曰：『民欲以我故戰，殺人父子而君之，予不忍為。』乃與私屬遂去豳。」

周部落於是集體**遷到**了**岐山**一帶，
從此在那紮下了**根**。
（這也就是西岐名字的來源。）

翦伯贊《中國史綱要》：「周人受到他們的壓迫，公亶父率周人去豳，而遷居岐山下的周原（今陝西岐山）。」

初代目**目光遠大，**
他和自己的兒子
二代目不斷發展部落。

《史記·周本紀》：「及他旁國聞古公仁，亦多歸之。」

周喵們**建造城市，**

復興農業，

經過他們兩代人的**不懈努力**，

周**變得**越來越**穩定**。

《史記·周本紀》：
「古公乃貶戎狄之俗，而營築城郭室屋，而邑別居之。作五官有司。民皆歌樂之，頌其德。」

而且也再**沒有人**敢**欺負**他們。

翦伯贊《中國史綱要》：
「公亶父死，子季曆立。這時周人漸漸強盛……基本上擊退了來自西北的遊牧部落的威脅，鞏固了周人在渭水中游的統治。」

（一派欣欣向榮啊！）

可**周**這個部落究竟是**怎麼走上**

「造反」道路的呢？

這就要講到周的**三代目**

文王喵了。

文王喵是個**很仁義**的首領，

《史記‧周本紀》：「西伯曰文王，遵後稷、公劉之業，則古公、公季之法，篤仁。」

他敬老愛幼，且禮賢下士。

《史記‧周本紀》：「敬老，慈少。禮下賢者，日中不暇食以待士，士以此多歸之。」

在他的**管理**下，周部落**加倍**地**強大**起來。

呂思勉《中國通史》：「論語說他『三分天下有其二』。」

強到啥程度呢？

強到連**商王朝**都開始**不安**起來。

於是乎，

文王喵就被**商王朝**給**關了**。

《史記·周本紀》：「帝紂乃囚西伯于羑里。」

為了救出自家大王，

周喵們向商王**送**去大量**財寶**。

《史記．周本紀》：

「閎夭之徒患之。乃求有莘氏美女，驪戎之文馬，有熊九駟，他奇怪物，因殷嬖臣費仲而獻之紂。」

大筆的**保釋金**送過去才把

文王喵**換了回來**。

《史記．周本紀》：

「紂大說……乃赦西伯，賜之弓矢斧鉞，使西伯得征伐。」

無端端**被關了**一次，讓文王喵**很生氣**。

為此，文王喵**更加努力**發展自己。

四處高薪**挖掘人才**，

《通志．氏族略》：「文王得子渭濱，以為太師。」《史記．齊太公世家》：「於是周西伯獵，果遇太公於渭之陽，與語大說，曰：『……吾太公望子久矣。』故號之曰『太公望』，載與俱歸，立為師。」

不斷與周邊小國**搞好關係**。

《史記．周本紀》：「諸侯聞之，曰『西伯蓋受命之君』。」

而且還暗地裡把**支持商**的
諸侯國一個個**打敗**。

《史記・周本紀》：「明年，伐犬戎。明年，伐密須。明年，敗耆國……明年，伐邘。明年，伐崇侯虎。」

就這麼一點點，一點點地**發展**。

文王喵終於……**「掛了」**。

《史記・周本紀》：「明年，西伯崩。」

復仇的重擔就這樣**落到**了**四代目**的身上。

也就是他兒子，**武王喵！**

《史記·周本紀》：「明年，西伯崩，太子發立，是為武王。」

那時候的**商**朝已經**混亂不堪**。

經過**多年**的發展，武王喵覺得時機**差不多**了。

於是乎**大喊一聲！**

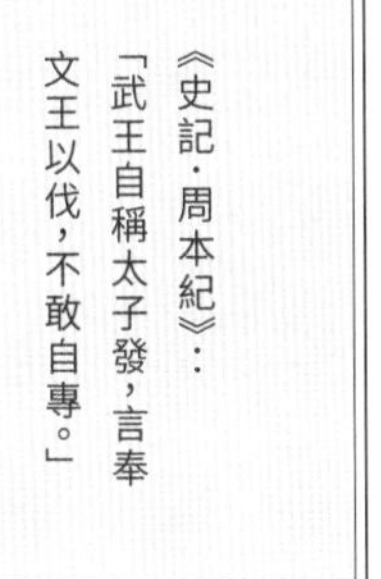

《史記‧周本紀》：「武王自稱太子發，言奉文王以伐，不敢自專。」

這一喊突然**炸出**很多諸侯

表示想**跟著他**。

《史記‧周本紀》：「是時，諸侯不期而會盟津者八百諸侯。」

諸侯們的反應讓武王喵**確信**
滅商大業**近在眼前**了。

但這次行動他**沒有進行到底**，
而是**退回去**繼續**積蓄力量**。

《史記·周本紀》：
「武王曰：『女未知天命，未可也』乃還師歸。」

這一積蓄又是**兩年**。

兩年後，商已經混亂到連**樂官**們都**跑了**。

《史記·周本紀》：「太師疵、少師彊抱其樂器而犇周。」

武王喵**再表示伐商**的時候，這次——

跟著起事的諸侯就**變得更多**了！

反商大軍**浩浩蕩蕩**，所到之處**攻無不克**。

《史記·周本紀》：「師畢渡盟津，諸侯咸會。」《詩經》：「殷商之旅，其會如林。」

沒兩下，商軍就**被幹**得**七零八落**。

《史記·周本紀》：「武王馳之，紂兵皆崩畔紂。」

大戰的**勝利也意味**著周部落

正式推翻商朝。

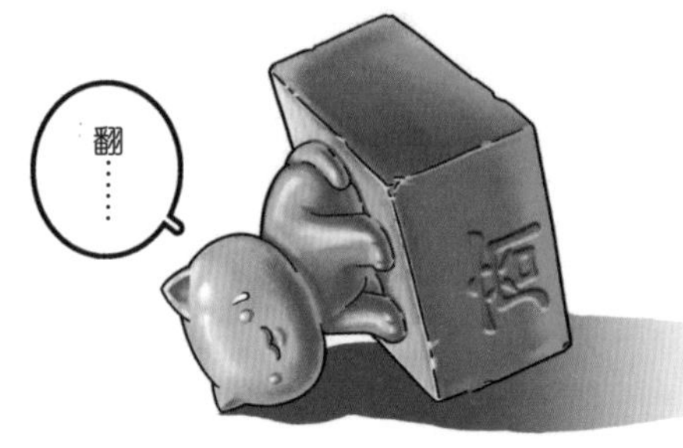

在四代首領的領導下，
周王朝**正式建立**。

《史記·齊太公世家》：「於是武王已平商而王天下。」

但新的王朝，新的天下。
周喵們該**如何鞏固**自己的統治呢?

（且聽下回分解）

據中國社科院《商代史》及王和《中國早期國家史話》記載，商朝時，君主會冊封周邊方國，也會把土地分給王族成員，他們也就成了商朝的「諸侯國」。孟津會盟號稱有八百諸侯回應，史書具體記錄的實為一些少數民族部落聯盟，如《尚書·牧誓》裡著重提到的——庸、蜀、羌、髳、微、盧、彭、濮。對於孟津會盟後武王為什麼沒有一鼓作氣攻打商紂，史學界有各種說法。有學者認為孟津會盟實際上是一次軍事力量的檢閱；有的認為孟津會盟的目的是對附近地區的歷史和山川形勢的宏觀考察；有的認為這是一次試探性的進攻，可以鍛煉軍隊，取得實戰經驗；有的認為這是一次軍事偵察行動，為了探明商王朝及各路諸侯的應變能力和軍事實力。不論目的如何，通過此次會盟，武王確認了討伐商紂的時機尚不成熟。他果斷決定將大戰延後，這份審慎也為他取得最後的勝利添了砝碼。

周王初代目──水餃（飾）
周王三代目──水餃（飾）
周王四代目──水餃（飾）

參考來源：《史記》《通志》《詩經》、中國社科院《商代史》、翦伯贊《中國史綱要》、呂思勉《中國通史》

【岐山臊子麵（哨子麵）】

相傳周人遷到岐山一帶砍殺了惡龍，
將之做成肉湯麵分與眾人食用。
後人們用豬肉代替龍肉，
變成了今天的岐山臊子面。

【願者上鉤】

姜子牙是周朝的開國功臣。
相傳他一直懷才不遇，
直到老年才借釣魚的機會
「偶遇」文王，
被封為「太師」。

【封神演義】

《封神演義》又名《封神榜》，
是明朝時期的文人根據武王伐紂等
故事改編的一本神魔小說，
並非史書。

一群喵檔案

湯圓的角色介紹

湯圓，水瓶座。

是個美妝達人，

最喜歡閃閃發亮的東西。

每天過得很悠閒，

但學習成績爆表。

【湯圓擬人】

廚藝極差……

每天最擔心的就是自己的體重。

湯圓的房間
Tangyuan's Room

第十二回◉周公治國

我們經常會這樣說道：

「睏了，見周公去！」

那麼……周公是誰呢？

上一回我們講到，
周武王喵滅商，
建立了**周**王朝。

人民教育出版社《普通高中課程標準實驗教科書·歷史必修一》：「西元前一〇四六年，周武王伐紂滅商，建立周朝。」

這新江山，新事務，

總有一大堆**麻煩事**等著武王喵去**解決**。

可事還**沒來得及**做呢，

武王喵就**「掛了」**……

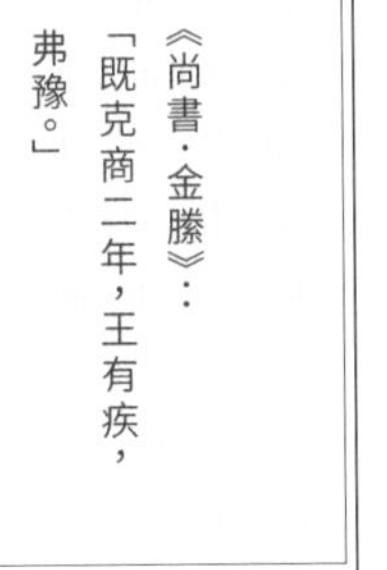
《尚書·金縢》：「既克商二年，王有疾，弗豫。」

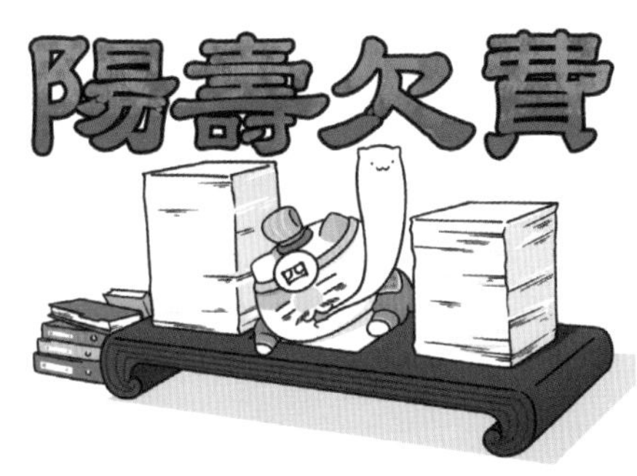

建國沒兩年……

老大「掛了」，**少主年幼**。

這時，一個**救世主**出現了！

《史記·魯周公世家》：「其後武王既崩，成王少……周公乃踐阼代成王攝行政當國。」

他！正是我們所說的**周公！**

周公喵姓**姬**名**旦**，
（一個很有營養的名字）
武王喵的弟弟。

《史記·魯周公世家》：「周公旦者，周武王弟也。」

他是一個怎樣的喵呢？

總的來說他的**設定**就是

瑪麗蘇……

（溫柔，善良，無私）

＊瑪麗蘇：文學或影視作品中，毫無缺點、形象正面光輝到近乎矯情，且幾乎總是人見人愛的角色。

周公喵**從小**德行就非常好，

忠厚仁愛。

《史記·魯周公世家》：「自文王在時，旦為子孝，篤仁。」

他哥哥生病的時候，他**祈禱**。

《史記‧魯周公世家》：「周公……告於太王、王季、文王。史策祝曰：『若爾三王是有負子之責於天，以旦代王發之身。旦巧能，多才多藝。』」

他侄子生病的時候，他**祈禱**。

《史記‧魯周公世家》：「初，成王少時，病，周公……以祝於神曰：『王少未有識，奸神命者乃旦也。』」

真是清純不做作……
不過周公喵也確實是一個**有才幹**的喵。

＊油菜花＝有才華。

當年跟著**打天下**時就**征戰有功**。

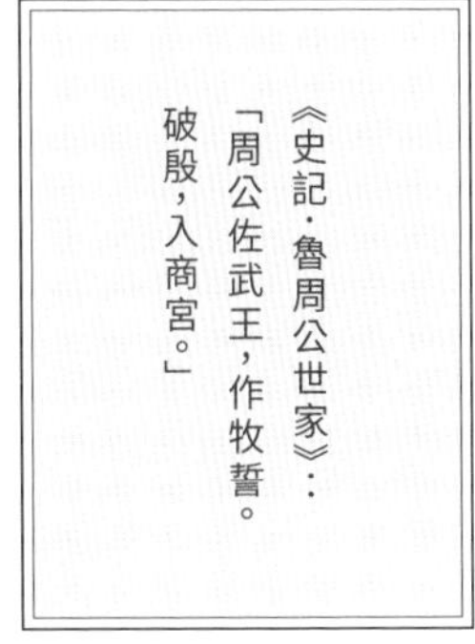
《史記·魯周公世家》：
「周公佐武王，作牧誓。
破殷，入商宮。」

西周**建立後**更是一個**工作狂**狀態。

他**求賢若渴**，

《史記·魯周公世家》：
「猶恐失天下之賢人。」

一旦有人才**求見**，

頭**洗到一半**就跑出去**迎接**，

《史記・魯周公世家》：「周公戒伯禽曰：『然我一沐三握髮。』」

飯**吃到一半**也跑出去**迎接**。

《史記・魯周公世家》：「一飯三吐哺，起以待士。」

唉……反正就是**拚得不行**。

不過**他也有**他拚的道理，
那會兒的西周王朝剛**建國不久**，
局勢緊張得很。

人民教育出版社《義務教育課程標準實驗教科書·七年級上冊》：「周軍攻入商都。商紂逃到鹿台自焚而死，商朝滅亡。」

前朝的**統治者**雖然**被打敗**，

但**前朝貴族**還在呀！

【周公治國】

他們經常仗著自己的**勢力**就出來**鬧事**。

楊寬《西周史》：「因為當時周克殷才兩年，殷貴族的勢力還很強大。」

楊寬《西周史》：「因此，這時周公所處的局勢是十分嚴重的……又有殷貴族圖謀複國的叛亂。」

這事讓周公喵意識到一個問題：

仗是**能打贏**的，
但怎麼**徹底**地**根除**這種動亂呢？

楊寬《西周史》：「到一定時機，三監就與殷貴族一起發動叛亂了。」

機智的他做了**兩件事**：

第一，
把**前朝**貴族**遷走**。

《尚書·多士》：「移爾遐逖。」

再讓**周貴族**去管理他們，
削弱他們在**地方**的**勢力**。

《尚書．多士》：
「比事臣我宗多遜。」

第二，
奪了人家的地，總要**給**點**福利**。

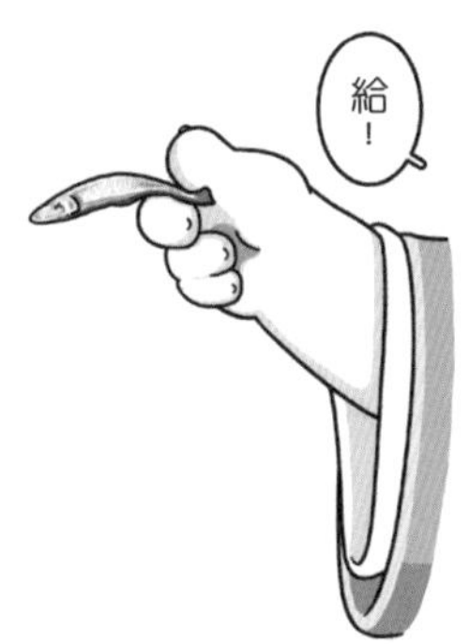

所以**前朝貴族**離開時，
可以帶上自己的**奴隸**。

《左傳》：
「使帥其宗氏，輯其分族，將其類醜。」

去到新的地方也允許**當官**。

《尚書·多士》：

「尚永力畋爾田……迪簡在王廷，尚爾事，有服在大僚。」

軟硬兼施，

舊貴族們也就**不敢瞎起鬨**了。

在當時的背景下，西周實行的是:

就是**中央**給指定的諸侯**分**一塊地，
諸侯就去封地又**成立新國家**。

【第十二回】

形成了**周王管諸侯**，
諸侯管封地的制度。

人民教育出版社《普通高中課程標準實驗教科書·歷史必修一》：「分封制規定，諸侯必須服從周天子的命令。」

而周公喵讓**新**貴族**帶著舊貴族**遷移。

一方面，防止了舊貴族鬧事，

楊寬《西周史》：「這樣既可以消除他們原住地區的威脅。」

一方面，又讓更多的人出去**開疆拓土**。

楊寬《西周史》：「封君把這些舊貴族舊官僚帶往封國，重新加以安排，使成為封國的官吏和『國人』，可以擴大周朝的統治地區。」

這高明的治理手法讓周公喵**獲得**了極高的**威望**。

《尚書．洛誥》：「惟公德明光於上下，勤施于四方，旁作穆穆，迓衡不迷。」

然而！這並**沒有**讓他**膨脹！**

少主一長大，

周公喵就**立馬**回去**當臣子**。

《史記‧魯周公世家》：

「還政成王，北面就臣位，匔匔如畏然。」

是不是跟外面的妖豔賤貨**不一樣**……

如此**「瑪麗蘇」**的周公喵，

獲得**後世極高**的評價。

《論語》：

「甚矣吾衰也！久矣吾不復夢見周公。」「如有周公之才之美，使驕且吝，其餘不足觀也已。」

《孟子注疏》：

「見孟子問曰：『周公何人也？』曰：『古聖人也。』」

周公喵的**輔佐**讓周王朝**度過了**
極其不穩定的**初期**。

白壽彝《中國通史》：「當時周已建國，但基礎還很不鞏固。」

尤其是在**加強分封制**的治理上，
進一步**緩和**了國家**矛盾**，

也**擴大**了國家**領土**。

楊寬《西周史》：「周朝之所以能建成幅員廣大的強大國家，和推行這種分封制有密切關係。」

這對周後面的**發展**，
奠定了極其重要的**基礎**。

楊寬《西周史》：「在一定程度上調整了各個地區的生產關係，有助於生產力的進一步發展。」

但同時也為周王朝的**滅亡**，
埋下了巨大的**隱患**。
為什麼呢？

（且聽下回分解）

編者按

說起周公，也許很多人會想起《周禮》和《周公解夢》。《周禮》最初名為《周官》，內容很豐富：大至天文曆象、小至草木魚蟲，經過現代學者的研究，多數學者認為此書約成於戰國後期。至於《周公解夢》，就離周公本人更遠了。根據《敦煌占卜文獻與社會生活》一書中大量竹簡記錄及分析，《周公解夢》成書並不會早於三國吳。周公攝政時有沒有稱王一直都眾說紛紜。有學者在著作中整理了四種學說，分別是「周公攝政稱王說」（荀子、韓非子、翦伯贊等支持）、「周公攝政未稱王說」（司馬遷、王國維、錢穆等支持）、「周公攝政時遇到大事時則稱王說」（鄭玄支援）、「周公和周成王並行稱王說」（顧頡剛支援）。本篇採用司馬遷《史記》中的觀點。

周公——花卷（飾）

參考來源：《尚書》《史記》《左傳》《論語》《孟子注疏》、人民教育出版社《普通高中課程標準實驗教科書·歷史必修一》、人民教育出版社《義務教育課程標準實驗教材書·七年級上冊》、楊寬《西周史》、白壽彝《中國通史》

附錄

【鉞】

鉞是一種劈砍用的兵器，
比斧頭大。
由於戰鬥力不如戈矛，
鉞漸漸變成了裝飾用品或者刑具，
春秋戰國後成為了
象徵帝王權威的標誌。

【周公解夢】

《周公解夢》是書名，
但顯然不是周公所作，
成書最早不過三國吳時期。
但周朝確實有專門占夢的官員，
凡有國家大事，
必然會讓官員占夢。

【周公的迷弟們】

周公的德行和才華迷倒了很多人，
其中就有著大名鼎鼎的孔子和孟子。
孔子曾說「久矣吾不復夢見周公」。
而孟子就直接表白說，
周公乃「古聖人也」！

百群喵檔案

花卷的角色介紹

花卷，獅子座。

有錢人家的孩子，

身邊經常有很多隨從。

據說爸爸是金融巨鱷。

最喜歡各種電子產品。

【花卷擬人】

但品味似乎很差。

經常請朋友吃飯。

花卷的房間
Huajuan's Room

第十三回◉西周東周

周王朝**建立之初**，

為了鞏固**統治**，全面實行——

簡單點說，

就是**周天子**給諸侯們一塊**封地**。

翦伯贊《中國史綱要》：「周天子把畿外之地分封諸侯。」

諸侯們去封地當**老大**。

翦伯贊《中國史綱要》：「諸侯在自己的封國內，設置和王室類似的官吏，還擁有軍隊，他們各自成為一方之主。」

平時給周天子交交**「保護費」**，

還要幫忙打打**群架**。

翦伯贊《中國史綱要》：「還要隨時準備率領自己的武士、軍隊，接受天子的調遣，參加戰爭。」

周老大穩坐中央，
諸侯小弟們則**開疆拓土**，**保衛**天子。

翦伯贊《中國史綱要》：「周天子位於封建的最頂端，名義上是全國土地和人民的最高所有者。」
人民教育出版社《義務教育課程標準實驗教科書·七年級上冊》：「平時鎮守疆土，戰時帶兵隨從天子作戰。」

這簡直一片**江山永固**啊！
不是嗎？

人民教育出版社《義務教育課程標準實驗教科書·七年級上冊》：「西周通過分封諸侯，開發了邊遠地區，加強了統治，成為了一個強盛的國家。」

不是！

周的江山直到一齣**「八點檔」**
的出現而徹底**改變**。

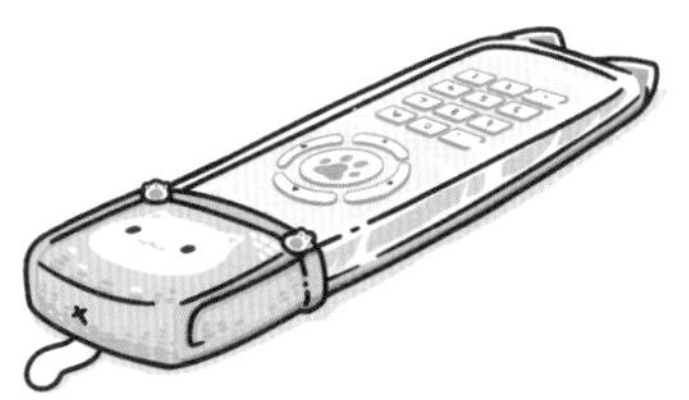

這就是歷史上著名的 **「烽火戲諸侯」** 。

又稱……

惹怒諸侯丟江山
皆因作風不檢點

事件的**主人公**，
就是周的第十二代**國君**。

昏君**幽王喵**！

他**登基**的時候，
周朝已經內憂外患。

許倬雲《西周史》：
「其中厲幽二代國命再絕。然而周衰實自夷王之世即已開始。」

國內有**天災**，

翦伯贊《中國史綱要》：

「由於旱災和地震同時來臨，使農業受到嚴重的危害，從而給人民帶來了饑饉。」

國外有強敵。

翦伯贊《中國史綱要》：

「和天災同時，西北諸遊牧部落的侵襲，更加嚴重。」

而他則忙著斂財……

楊寬《西周史》：

「幽王在日食地震、河沸山崩的時候，還是和褒姒勾結起來為非作歹，搜刮財貨，運往中原囤積。」

為了突出他的**昏庸**，
老天還給他安排了個**面癱女**——妃子**褒姒喵**。

《史記·周本紀》：「三年，幽王嬖愛褒姒。」

褒姒喵雖然長得美，但卻不愛笑。

這樣**清純不做作**的女子，
自然引起了霸總的**注意**。

幽王喵想盡一切方法**討好**她，

她都一臉**冷漠**。

（無論怎麼做。）

《史記·周本紀》：
「褒姒不好笑，幽王欲其笑萬方，故不笑。」

怎麼辦呢？

那時候周朝有個**警報**系統，

叫**烽火台**。

每隔一段**距離**就有一個台。

中央要是出現**危機**，
烽火台一點，
諸侯們就**帶兵**來**救場**。

這可是保命的系統啊！

可是呢？
幽王喵卻拿來**討好她**！

每次諸侯們跑過來就是**一臉茫然**。

（究竟打哪啊?!）

而看著茫然的諸侯……

褒姒喵就笑得**很開心**。

《史記·周本紀》：「幽王為烽燧大鼓，有寇至則舉烽火。諸侯悉至，至而無寇，褒姒乃大笑。」

這讓幽王喵很**迷醉**。

甚至為了寵愛她，
還**撤掉**了原本的**皇后**和**太子**。

這一撤果然搞出了**大事情**，
皇后的**娘家人怒了**。

作為**一方諸侯**的「娘家人」帶著
一堆**外援**就**殺進王都**。

《史記·周本紀》：
「後幽王得褒姒，愛之，欲廢申后，並去太子宜臼，以褒姒為后，以伯服為太子。」

這會幽王喵**點了烽火**……

也**沒有**諸侯**過來**了。

《史記》：「幽王舉烽火徵兵，兵莫至。」

因為**援軍不夠**，

沒兩下，

幽王喵就被沖進王都的「娘家軍」給**滅了**。

（你看吧，叫你寵「小三」！）

《史記·周本紀》：「遂殺幽王驪山下。」

打敗了幽王喵的**「娘家諸侯」**扶持了原來的**太子**，**成為**新的周天子。

《史記·周本紀》：「於是諸侯乃即申侯而共立故幽王太子宜臼，是為平王。」

然後將周王朝**首都遷往東邊**，

《史記·周本紀》：「平王立，東遷於雒邑，辟戎寇。」

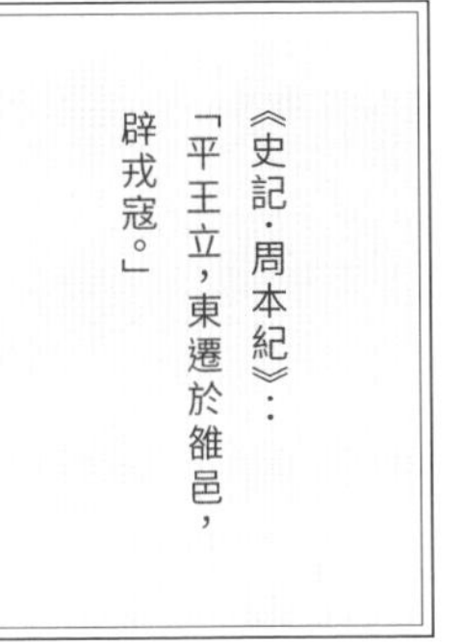

史稱**平王東遷**。

平王東遷

而這個事件也將周朝的歷史
一分為二。

在此之前的周朝被稱為西周。

東遷後，**則是東周**。

東周的開始意味著**周王室**的
統治地位開始**衰落**。

【第十三回】

分封制就像一個**公司**上市後

把**股權**分給了**員工**們。

人民教育出版社《普通高中課程標準實驗教科書·歷史必修一》：「讓他們（諸侯）建立諸侯國，拱衛王室。」

員工們為了讓股權更有價值，

則更加**拚命工作**一樣。

人民教育出版社《普通高中課程標準實驗教科書·歷史必修一》：「受封的諸侯在自己的領地內，享有相當大的獨立性。」

這讓周朝在**「分封制」**的激勵下，
領土不斷**擴張**。

但同時也讓**諸侯**日益**強大**。

許倬雲《西周史》：「地方有限，而王臣一代一代都勢必佔有土地，日積月累，王室直接掌握的土地，越來越少。」

《普通高中課程標準實驗教科書．歷史必修一》：「隨著諸侯國勢力的日益壯大，到西周後期，王權衰弱，分封制遭到破壞。」

最終，

周天子**失去了掌控**諸侯的**實力**。

天下，

最終進入了**群雄割據**的時代……

（打打殺殺的時代）

《史記‧周本紀》：「平王之時，周室衰微，諸侯強並弱，齊、楚、秦、晉始大，政由方伯。」

那麼東周的故事又是怎樣的呢？

（且聽下回分解）

編者按

「烽火戲諸侯」的真實性在史學界存在爭議。錢穆老師在《國史大綱》中分析指出：「此委巷小人之談。諸侯兵不能見烽同至，至而聞無寇，亦必休兵信宿而去，此有何可笑？舉烽傳警，乃漢人備匈奴事耳。驪山之役，由幽王舉兵討申，更不需舉烽。史公對此番事變，大段不甚了了也。」李峰《西周的滅亡》一書也認為沒有證據能說明西周已有烽火臺。

但其因被記載於《史記》而流傳於世，經演繹後更是廣為流傳。在現人教版初中歷史書中，也有「西周末代君主幽王昏庸無道，王妃褒姒不愛笑，為了取悅她，幽王竟下令燃烽火」的描述。考慮到「烽火戲諸侯」事件已被大眾熟悉和接受，今以《史記》及教科書為參考完成此話。

申后——煎餅（飾）

褒姒——烏龍（飾）

幽王——饅頭（飾）

參考來源：《史記》、翦伯贊《中國史綱要》、人民教育出版社《義務教育課程標準實驗教材書·七年級上冊》、許倬雲《西周史》、楊寬《西周史》、人民教育出版社《普通高中課程標準實驗教科書·歷史必修一》

【為什麼是「東周」？】

早在周公輔政的時候，
他就將殷貴族東遷到了雒邑一代，
從此加強了對東方地區的統治。
等到西周末年，天災人禍，
不論貴族平民都在往東邊避難，
平王也就因此東遷了。

【西周的寶藏】

西周末年，平民和貴族都忙於逃難。
匆忙之間很多來不及帶走的銅器就
被藏在了地下。
從上世紀50年代開始，
考古工作者們陸續在周的原址發現
了三千多件西周銅器。

【亡國的預言】

幽王上位後的第二年，就發生地震，
導致山脈崩裂、河流枯竭。
有人預言：水源不通暢，人民缺乏財利，
不出十年，這國家就要滅亡了！
結果，西周果然很快滅亡了。

國家圖書館出版品預行編目 (CIP) 資料

如果歷史是一群喵 . 1, 夏商西周 / 肥志
編 . 繪 . -- 初版 . -- 新北市 : 野人文化出版 :
遠足文化發行 , 2018.05
面； 公分 . -- (Graphic time ; 4)
ISBN 978-986-384-272-9(平裝)

1. 中國史 2. 通俗史話 3. 漫畫

610.9 107003864

如果歷史是一群喵 (1)

線上讀者回函專用 QR CODE，您的寶貴意見，將是我們進步的最大動力。

繪　　者　肥志
編　　者　肥志

總 編 輯　張瑩瑩
副總編輯　蔡麗真
責任編輯　徐子涵
行銷企畫　林麗紅
內頁排版　洪素貞 (suzan1009@gmail.com)
封面設計　周家瑤

出　　版　野人文化股份有限公司
發　　行　遠足文化事業股份有限公司 (讀書共和國出版集團)
地址：231 新北市新店區民權路 108-2 號 9 樓
電話：（02）2218-1417　傳真：（02）8667-1065
電子信箱：service@bookrep.com.tw
網址：www.bookrep.com.tw
郵撥帳號：19504465 遠足文化事業股份有限公司
客服專線：0800-221-029
法律顧問　華洋法律事務所　蘇文生律師
印　　製　成陽印刷股份有限公司
初版首刷　2018 年 4 月
初版 34 刷　2023 年 8 月

歡迎團體訂購，另有優惠，請洽業務部（02）22181417 分機 1124